# 播音主持艺术

# 14

·执行主编　鲁景超·

中国传媒大学出版社
·北京·

**图书在版编目(CIP)数据**

播音主持艺术 14/鲁景超执行主编. 一北京:中国传媒大学出版社,2016.5
ISBN 978-7-5657-1570-9

Ⅰ.①播… Ⅱ.①鲁… Ⅲ.①播音—语言艺术—文集
②节目主持人—工作—文集 Ⅳ.①G222.2-53

中国版本图书馆 CIP 数据核字(2015)第 316661 号

播音主持艺术 14
Boyin Zhuchi Yishu 14

执行主编 鲁景超
责任编辑 李水仙
责任印制 阳金洲
封面制作 泰博瑞国际文化传媒
出 版 人 王巧林

出版发行 中国传媒大学出版社
社　　址 北京市朝阳区定福庄东街 1 号 邮编:100024
电　　话 86-10-65450528 65450532 传真:65779405
网　　址 http://www.cucp.com.cn
经　　销 全国新华书店

印　　刷 北京艺堂印刷有限公司
开　　本 710 mm×1000 mm 1/16
印　　张 12.5
版　　次 2016 年 5 月第 1 版 2016 年 5 月第 1 次印刷

书　　号 ISBN 978-7-5657-1570-9/G·1570 定 价 55.00 元

# 目　录

【研讨纪实】

# 体育节目主持人建设的规范化发展

沙　桐

这是我离开学校的第23年。又回到学校，并且能为学校的教育作出一些贡献，我感到非常荣幸。来到这里，看到我原来住的7号楼被掀去了一半，不过我住的宿舍还在，还能够让我依稀回想起当年的情景。今天在座的各位都在业界享有一定的声誉，没有他们，就不会有新中国转播、主持、评论、播音事业现在的成就。在过去的时间里，他们把大半生的心血都放在中国体育节目主持人发展上。像我刚刚入台的时候，韩老师、宁老师、孙老师等都是带着我成长的老师。像金宝成老师等都是在中国电视体育主持方面非常有名的人物。今天能够相聚在这里，我觉得对于学校、学院、学生来说都是一件幸事。作为中国体育界的从业人员，我们非常荣幸地经历了中国体育从小到大、从弱到强的过程，可以说，我们见证了中国体育发展史中的一段辉煌。取得这样的成就，凝聚着在座各位老师、各位同人，包括我在内，共同的心血。对此我们从来不避讳，这是让我们自豪的事情，但是在自豪的同时，也让我们感到身上责任的重大。时代走到今天，体育播音主持人才的培养方式和方法还有不少亟待规范化和规模化的地方，我们也正朝着这个方向去努力。

第一，必须形成体育播音主持的一套教学体系。据统计，中国体育近三十年来，专门从事体育节目播音、主持、评论的人已经超过600人，如果再加上网络主持人、解说员和记者，这个人数应该是过千的。尽管如此，到目前为止，在各个高校，尤其是开设播音主持艺术专业的高校当中，还没有正规的电视体育节目主持专业。我们这支队伍的从业人员目前大多来自体育、外语等专业或者其他一些领域，往往是由于个人爱好才开始从事这个职业的，基本上是一种原生态的成长方式；而这些战斗在一线的播音员、主持人、评论员，由于工作繁忙，往往无暇对自己的经验进行总结，更别谈传承了。两年前，在全国电视体育节目主持人研讨会上，我们和中国传媒大学播音主持艺术学院共同提出了一个合作教学的想法。我们希望我们的实战经验和学校的教学进行更为紧密的结合，逐渐摸索出一套教学体系，传授给那些热爱体育、想从事体育播音、主持、评论的学生，在这个过程中实现教学相长，我们在未来五年或者十年形成成熟、完善的体育播音主持教学体系。经过长达两年的沟通，这个想法终于得以实现。中央电视台拟成为中国传媒大学播音主持艺术学院的教育实践基地，中国传媒大学播音主持艺术学院将会开设体育节目主持课程。通过相关比赛，选拔出有志于体育播音主持的学生，拜在座的各位业界专家为师，进行一对一的教学和实践。

第二，策划和撰写一系列与体育播音主持相关的书籍。这些书籍可作为中国传媒大学和其他高校播音主持专业的参考用书。我们准备做两本书，一本是《十年中国体育播音主持发展之路》，由全国电视体育节目主持人研究会推荐 20 位业内最具有代表性的主持人，播音主持艺术学院组织人员对这 20 位主持人进行访谈，访谈内容包括节目主持人在中国过去几十年参加的国际赛事及其经验，对节目类型、评述内容进行专业的梳理。第二本书是我们更为看重的，名为《新中国体育播音主持发展史》，我们计划对新中国的体育播音主持分五个阶段进行研究，比如新中国成立初期、“文革”十年、80 年代到 90 年代、20 世纪末和新世纪。从明年开始，全国电视体育节目主持人研究会和中国传媒大学播音主持艺术学院将会派出数位专家学者，针对中国体育播音主持的发展历史进行专题研讨。

第三，建立一个全国范围的体育播音人才库。从与中国传媒大学播音主持艺术学院合作开始，由点及面，由全国电视体育节目主持人研究会牵头，把这种教学方式扩大到更多高校的播音主持艺术学院，甚至更多体育学院的体育新闻专业。建立起一个全国性的体育节目主持人、播音员、评论员人才库，以便更好地发现人才和使用人才。

第四，建立体育播音的资料库。根据足球、篮球、乒乓球等球类运动，以及趣味项目、大型运动会的开闭幕式等进行分类，由全国电视体育节目主持人研究会推荐电视主持人的作品，或者由各个高校派出相关人员采用网上下载、直接拷贝等方式，收集整理相关作品。这些作品将会成为各个高校播音主持专业的参考资料，也可以为初级学员或业余爱好者所用。

从这次中央电视台和中国传媒大学播音主持艺术学院建立的实践基地来看，我们由衷地希望这不是一次简单的战略合作，而是良好的战略合作开端，是全国电视体育节目主持人建设向着规模化、规范化发展的开端；希望由此能为我们未来的体育节目培养出更多优秀的体育赛事解说人才。

（作者系全国电视体育节目主持人研究会会长、中央电视台体育节目主持人。发言整理：朱晓仪）

# 体育节目主持人的要求及未来走向

孙正平

## 一、体育节目主持人的共性要求

很长时间没有转播了，发言很少，面对中国传媒大学的老师和同学感到很高兴，也很激动。今天，我先讲讲体育节目主持人的共性要求。之所以要谈共性要求，主要是因为体育节目主持人既是记者，又是播音员，也是解说评论员，还是节目制作代言人。可见，作为一名体育节目主持人，本质上也是一名新闻工作者。因此，体育节目主持人必须遵循新闻工作的共同要求。具体而言，包括以下几方面内容：

第一，坚持正确的舆论导向和以正面报道为主的方针。有人说这可能是老生常谈的俗套，但这确实是必须遵循的。比如不久前 NBC 主持人吉米有一段辱华的言论，遭到了全球华人的声讨，虽然已经进行了四次道歉，但仍然被认为不够诚恳。我们在主持中会遇到各种各样的问题。比如“疆独”“藏独”“法轮功”等，对这些问题的看法我们必须旗帜鲜明，坚持正确的舆论导向，这是我们必须要遵循的准则。

第二，转播过程要坚持客观公正，实事求是。“誉人不增其美，毁人不增其恶。”主持人要尊重事实，对双方一视同仁，不能因个人好恶而偏袒一方。要做到这一点也不容易。我记得原广电部吴冷西部长曾经说过，要做到客观公正，难免会有适度的倾向性。比如中国队和外国队比赛的时候，大家都是中国人，都希望中国队获胜，可能会有倾向性。但是主持人也要做到尊重别人，一视同仁，要给自己的解说留有余地，可以采用一些探讨、交流、沟通的方式，多听专家、业内人士、权威人士的发言，这样才会使我们的转播走上比较正确的轨道，不容易出现偏差。

第三，及时、迅速是新闻的生命。电视直播的时效性是其他媒介望尘莫及的。主持人应嗅觉灵敏，具有新闻的敏感性。要制作出独家的、权威的新闻，树立中央台或者地方台以及个人在传播当中的权威，这也是必不可少的因素。但是，这么多年来，由于语言原因、条件限制等，我们失去了很多抢夺新闻的机会。我想今后在这方面，年轻同志会有更大的发展空间。

第四，声情并茂，恰到好处。语言基本功，不管什么时候强调都不过时，特别是今天在中国传媒大学谈这个，在座的都是播音系的学生，或者是本科生，或者是硕士生、博士生，你们在这方面更有感受。我是属于自学成才的，以爱好为起点，在这方面没有接受过正规的发声练习。如何用气用声，完全是自己琢磨。但我们那时候也请过很多老师，像李钢、王璐，以及中央台的一些前辈来教学。所以在这方面我们的基本功是不能缺少的。如何使声音更洪亮、更有耐久力、更有韧劲，在节奏把握上更为流畅，这些方面也很值得关注。因为声音本身也是一种美，声音运用得好，有节奏，富于语言的美，就非常能够感染和吸引观众，这一点是非常重要的，我希望年轻的朋友在今后从事这项工作时都不要丢掉这项基本功。

## 二、体育节目主持人的发展方向

体育节目主持人的解说评论是一个边缘学科，也是一门综合性艺术。宋世雄老师曾经讲过，作为一名体育播音员要有政治素养、语言表达能力、文学功底以及即兴发挥和应变的能力等，它是一门综合学科。

体育节目走到现在应该说已经走过了 60 多年的历程，我们一代又一代、一拨又一拨的体育节目主持人，大部分都是自学成才、半路出家的。因此，我们的实践能力非常强，我们解说了成千上万次比赛(包括录像)，但是我们在把实践上升到理论层面这方面做得比较差。不用说理论指导实践，更好地让大家前行，就是我们自己在总结理论方面都做得很不够。好在现在机会来了，有中国传媒大学的支持，有中央电视台作为后盾，我们能够把体育播音班逐渐规范化地建立起来，让更多有志于从事这项工作的年轻人，一上来就能够接受比较系统的理论指导。再加上各位很有实践经验的大家的督导，一定能使他们少走一些弯路，在今后的工作当中成长得更快一些。

在 1999 年、2002 年、2007 年、2011 年，我们曾经召开过四次全国电视体育节目主持人播音员大会，目前仅中央电视台就有将近 50 名体育解说员、主持人，我们形成了不同流派和风格共存及互相促进发展的局面，这样也能够更好地适应体育转播的发展。另外，我觉得拜师是一件好事情，就像曲艺界和戏曲界一样。我想双向选择是更好的方式，我们也会在这个过程当中为大家传授更多的经验。让我们共同努力，共同迎接更加美好的体育转播的春天。谢谢大家！

（作者系全国电视体育节目主持人研究会顾问、资深体育评论员。发言整理：朱晓仪）

# 体育节目主持人的培养及学科建设

王泰兴

我离校45年了,今天回到学校之后,感觉学校变化太大了。想起我们当年在校的时候,真的可以用宵衣旰食来形容。进而想到播音主持学科的确立和发展,真的相当不容易。我们播音主持学科有这么大的影响力、这么大的能量、这么大的作用和号召力,我觉得是一代又一代播音前辈共同努力的结果。多年来一直有几个信念和想法在支撑着我,趁着这个机会,我跟大家分享一下。

第一,广院播音班的学生必须得什么都能播。在工作的时候,我总是会想到我是广院播音班的学生,老有一个念头,就是不能让人家说广院出来的学生什么都不会,什么都笨,或者怎样怎样,我不想因为我的不足而为学校丢脸,所以我有一个理念,一到工作岗位,我就一直这样要求自己:我是干播音的、学播音的,是广院播音班的学生,是播音员,就要什么都能播,什么都能播好,我也一直朝着这个方向在努力。所以体育解说是我的一个机会。我并不是喜欢体育解说才去从事体育解说工作的,而是因为当时需要。我认为播音员既要能够播新闻,也要能够播文艺,现在让我播体育,我就要播好它,这才叫播音员,才叫广院的学生。这个理念一直支撑着我,对我很重要,让我一直走到现在。

第二,总想有机会能为母校做点什么。今天这个项目的确立,可以说给我们提供了一个很好的机会。体育解说这个方向,应当说现在还是很热门的,广州大学在广州亚运会之前实践了一次“2+2”项目。他们借亚运会这个契机,在广州大学全校,不管什么专业,新闻的、理科的都无限制,只要喜欢,二年级的学生,都可以重新在学校报名,进入特色班,后两年专门为亚运会培训摄像、记者、解说、编辑。他们当时搞了这样一个班,结果这个班的学生在亚运会上发挥得特别好。广州体育学院也已经开办了播音主持专业,而且他们今年已经是第二届招生了。听说其他体育院校也有,有的非体育院校的高校也在往这个方向走。所以作为中国传媒大学播音主持艺术专业,作为培养播音主持人才的高等学府,确实要补上这个空白。

第三，从历史发展角度谈谈体育播音员的培养和学科的规范。恢复体育转播应当是从1970年开始的。首先是中央电视台，然后是各地方台。广东台在1970年7月开始恢复体育转播，我就是在那个时候开始加入的。当时全国体育解说方面的人大概只有四五个，真的非常少，到后来才慢慢发展到十几个人；90年代的时候发展得特别快，到现在传统媒体有600多人，加上网络已有近千人的规模。这说明这个专业的社会需求越来越大，同时观众的要求也越来越高。怎样适应这个形势，培养出更多的专业体育解说、播音人才，是现实对我们提出的迫切要求。我感觉目前的状况是体育解说员人数众多，风格各异，水平参差，缺少规范。我们这个平台建立起来以后，要先从规范开始，再进一步寻找规律，然后形成一个系统的学科。

比如体育播音员的定位问题。现在很多人以个性自居，说自己是有个性的。但是这样的想法并没有明确你是谁？你在做什么？你在什么位置？说什么话？说给谁听？该怎么说？而是想当然地认为"我觉得该这么说"，或者"我要这么说"，难道这就是风格个性化？我觉得这是定位的模糊和错位。作为媒体，它的新闻责任、社会责任、社会价值是首要的。在这个基础之上，才能够去展现或者是运用一种业务来为传播服务。有了这种意识，你嘴上才会有把门的。一旦定位错误，就会经常出现一些乱七八糟的话、乱七八糟的态度、乱七八糟的评论，令观众十分不满。

另外，在跟嘉宾的配合上也会出现错位。现在有些主持人、播音员忘记了自己的角色。在我们的转播里面就有主持人十几分钟不说话，反倒是嘉宾在那里描述现场，嘉宾不是在评论，而是把主持人要说的话都说了。嘉宾是做什么的？他什么时候应当说话？怎样调动？这些都需要研究。

最后，我们还要对一些规范进行慢慢梳理。比如解说的基本要素包括什么？做什么准备？作为学科，将来一定要有必须遵守的规范，这才是专业，否则的话就是野路子，是打街球的。所以这方面确实需要梳理和规范，也就是说，要给大家一条"线"——在这条"线"上，你可以去发挥水平、体现风格；没有这条"线"就是散乱的，我们的学科就确立不起来。

（作者系全国电视体育节目主持人研究会顾问、资深体育评论员。发言整理：朱晓仪）

# 面对挑战，我们应该有更多的自信

金宝城

## 一、挑战来自哪里

媒体从来没有出现过今天如此激烈的竞争，媒体人也从来没有遇到过如此多样的挑战。客观地面对、冷静地梳理，我们不难发现，这种竞争和压力主要来自两方面：一方面是以微博为代表的新媒体，另一方面是电视节目的泛娱乐化。

第一，关于微博等新媒体。我从来不认为微博是真正意义上的媒体，因为微博只是传达文字、图像、视频、音频的工具，它的门槛很低，依托一个平台，通过转发和回复来进行传播与互动。实际上，微博只是改变了传媒的生态链。微博要想达到对一个人和事件的多点描述，很多时候还不能实现。而它广泛的参与性，传统媒体早就做到了。前年有一些体操迷跟我说，我们面对的挑战对手不是微博本身，而是将来有可能出现的新的传媒生态环境。

第二，关于电视节目的泛娱乐化。现在各地都在走娱乐化路线，包括唱歌、跳舞，甚至新闻节目都在娱乐化。有人写文章说这是文化繁荣和思想活跃的表现，但我认为不是，这是无序的文化繁荣和思想活跃，它带给我们的是更多的精神迷茫。泛娱乐化是一种"山寨文化"。有人说"山寨文化"是非主流文化，我认为它是没有任何创造力、建设性的文化。"山寨文化"的盛行，说明我们这个时代真正缺乏的是创造力，"山寨文化"使人们失去了对美好的、善良的事物的追求和赞美。

## 二、关于专业性与综合素质

目前专业性是受众对体育解说员的刚性需求，这是因为媒体一旦没有专业门槛的话，在遇到重大事件时，我们传媒人就只能简单地发声渲染一下罢了。可以说，专业是体育解说员立足的基础，但是想立得更久、走得更远，就必须具备广泛的综合素质，光靠专业性是走不远的，也是无法成为一名优秀的体育解说员的。美国ABC电视台有一个著名的评论员马凯，2006年德国世界杯期间他还在主持。他去世以后美国的一位当红主持人对他进行了评价，说他有记者的敏锐和文学家的细腻，他把人文精神和人文关怀融入他的解说和评论中。这句话可以说为我们所有传媒人指明了发展的路径。我们要想发展得好，必须靠自己的综合素质，而在诸多综合素质里我觉得最重要的一条就是你的大局意识。大局意识不仅包括从微观到宏观的把握，更包括你的社会责任感。

## 三、慎用话语权

在一场大约两个小时的比赛里，体育解说员的声音传遍千家万户的同时，他的思想也影响着成千上万人。换言之，体育解说员持有话筒时，实际上就有了一种近似公共权力的话语权，所以会有一种优越感，但是千万不要滥用这一权力。我觉得体育解说可以有激情，但激情不是廉价的煽情和偏执的宣泄，不是做作的嚎叫，而是你受到感染以后原发的感受。

## 四、寂寞和孤独是体育解说员的生活常态

现代社会生活丰富多彩，电视主持人也很风光，但这只是一个表象。一个合格的体育解说员必须能够忍受寂寞，充实的寂寞远胜过庸俗的忙碌。就我自己而言，我很喜欢一个人待在房间里进行思考，我很享受这种状态。我喜欢森林当中的老虎和豹，我更欣赏长在河流底部的水草，它们会随着水轻轻摇动，但是绝不随波逐流。我喜欢安安静静地思索，扎扎实实地跋涉，用信念与勤奋，凝聚成一种含蓄而不懈的力量。

总之，媒体从来没有像今天这般面临如此多的困难和挑战，但是各种困难都能软着陆，只要我们坚定地往前走，就一定能够战胜众多的困难和挑战。面对困难和挑战，我们应该有更多的自信。谢谢！

（作者系全国电视体育节目主持人研究会顾问、资深体育评论员。发言整理：朱晓仪）

# 体育解说和评论的发展历史<br>及体育解说员的培养

宋健生

## 一、体育解说和评论的发展历史

体育播音范畴包含传统的体育播音、体育主持以及体育比赛的现场转播和评论,第三种是体育播音的重点。谈及体育评论和解说,很多人都存在认识上的偏差,认为是专指电视,其实体育解说和评论是由广播体育解说和评论以及电视体育解说和评论共同构成的。

从发展历史来看,新中国体育解说起步于20世纪50年代,创始人是张之老师。经过60年代、70年代的发展("文革"期间曾停滞)到80年代初期,以宋世雄老师转播世界杯女排赛为标志达到巅峰期。随着人民生活水平的不断提高以及电视机的普及,在经过80年代、90年代与广播体育解说的一段共处期之后,电视体育解说逐渐发展壮大,奠定了现在的主导地位,这是历史发展的必然结果。

在80年代、90年代之后,广播体育解说逐渐衰落下来,电视体育解说达到了它的巅峰。但是我们的目光不能仅仅盯着电视平台,体育解说也包括广播体育解说,它是由两部分共同组成的。现在从全国来讲,像北京体育台、东方五星台甚至是中央人民广播电台等,在遇到特别重大的体育赛事时,都有一些"廉颇老矣"的感觉。不过,现在广播体育解说似乎陷入了一个误区,把广播等同于电视,即拉上一个嘉宾、说上一段比赛,然后再滔滔不绝地进行现场点评。但广播的体育解说和评论自有其独特的魅力。我认为,广播的功能应该是通过广播解说员惟妙惟肖的语言,把体育赛事生动、完整地传达给听众,从而入耳、入脑、入心。一名优秀的广播解说评论员一定能够成为一名优秀的电视解说评论员,但是反过来就不一定了。一名优秀的广播解说员,他所具备的素质要比优秀的电视解说员高得多,包括现场反应和嘴上功夫,因此基本功是关键。

## 二、体育解说和评论人员的构成

今天在座的除沙桐老师外，体育科班出身的只有韩乔生老师。在很长一段时间里，体育解说和评论的从业人员都是经过自学、模仿、拜师的路径成长起来的。从 20 世纪 90 年代开始才不断有一些“科班”出身的人入门。今天这个机会非常好，在座这么多专家，中央电视台体育频道和中国传媒大学搭建起这个平台非常不容易。我想说的是，由学校来培养专业体育解说和评论人员是很好的方向，在今后的时间里，希望这个平台能成为新一代体育节目主持人、评论员的摇篮。

## 三、形成理论体系是关键

说到培养方向，其实不论什么方向，尽快形成完备的理论体系很关键，这也是张之老师的夙愿。虽然体育播音经过了从 20 世纪 50 年代到现在这么长时间的发展，但仍然没有形成一个基本的理论体系，不能不说这是业内的遗憾。因此应该尽快在理论方面有所突破，越快越好，否则不管什么平台和方向，没有理论做支撑而仅仅依靠来自实践积累的经验，培养的成效不会太大。从大的播音范畴来说，中国播音学经过长期发展已经基本成熟，作为其分支的体育播音学又分为主持人、播音员、体育解说员等，他们各自的基本规律和特殊规律是什么，应该具备什么样的专业素质才能成为从业人员等问题都亟待研究。所以尽快形成理论体系，这是关键。

## 四、培养应从招生源头开始

培养应该从招生源头开始，选择对体育有浓厚兴趣并且具有播音素质的人才。很多人选择体育播音，其中 50%—80%都是从择业、就业、工作角度出发的。像我们北京电视台体育频道的 21 位体育解说员，其中有 80%是出于这样的目的。如果对体育不热爱、不喜欢，要想成为优秀的体育解说员是很难的。因此在招生的时候要从他们的兴趣和专业素质两方面入手，把好的苗子招进来，经过四年的系统学习和培养，他们成长的速度会很快。

## 五、师傅领进门，修行靠个人

不论是“学院派”的专业教学还是“师傅带徒弟”式的言传身授，教授的只是一些规律性的知识和经验，而要想成就事业，关键是靠自己。也就是说，这个行业中的一些基本规律和经验教授给你,在你身上行不行? 你如何延续、继承、发展、提高? 这是你自己的事情。现在竞争这么激烈,70 年代全国广播和电视只有四五个解说员,我是 80 年代进入的,基本上十个手指头就能数过来。而现在有 800 甚至 1000 人,竞争这么激烈,如果自己不努力,不加紧学习的话是不可能成才的。

## 六、"一招鲜,吃遍天"

进入体育播音这个行业还要有自己的专长与特色。像沙桐老师的赛车项目解说、杨健的田径项目解说等,特别是金宝成老师的体操解说,目前都还没有接班人。"一招鲜,吃遍天",如果你什么都不占的话,就很难在竞争如此激烈的态势下立住脚跟并有所作为。

(作者系全国电视体育节目主持人研究会副会长、资深体育评论员。发言整理:项伟林)

# 体育解说员的选拔标准及培养

刘　宁

中国足球走向职业化的20年，使得中国体育解说事业迎来了一个飞速发展的时期。从初期水平上的参差不齐，到现在逐渐趋于理性与成熟，起伏之大、变化之快是其重要的特点。

早期各电视台在转播甲A联赛时的解说参差不齐，质量差距甚大。经过实践的检验，各地电视台还保留有纯体育频道的已经越来越少。如今活跃在体育解说一线的大都是久经考验、经验丰富的解说员了。

在体育播音的一线实践工作中，往往更关注具体的细节，缺乏对理论环节的探讨。如何更好地、系统地选拔和培养新人，是体育解说面临的一个重要课题。

第一，随着播音事业的发展，体育解说员的培养模式也出现了一些变化。以前没有专门针对体育播音的正式培训，都是机会来了就上岗，在岗位上进行培训。在这种模式下，培养出一名合格的体育解说员，往往需要很长的时间、经过很多场比赛的磨炼，有时还有可能出现成材率不高、半途而废的现象。这种培养模式显然不太符合现实的要求。现在很多学校都在开设专门针对体育播音的学习班，或是系统的学习，或是短期的培训。但是在这种新模式下又出现了一些新问题，比如科班出身的播音专业学生具有较好的吐字发声等基本功，但仅仅依靠较扎实的基本功在特殊的体育播音岗位上是远远不够的。目前，从事体育解说工作的播音员大部分都是半路出家的，真正毕业于播音专业的非常少，因此他们在工作实践中会遇到一些困难，比如用气、发声等问题，像工作比较忙的解说员，两场球下来嗓子就哑了。

中央电视台和中国传媒大学合作的培养模式能够使播音专业学生经过系统的基本功训练和有针对性的体育播音培训，可以达到很好的效果，培养出来的专业人才也是用人单位急需的。

第二，体育解说的分工已经逐渐趋于细化，对体育解说知识的要求也越来越高。随着赛事直播的不断增加，受众的需求也变得更加专业、具体，因此体育解说的分工已经逐渐趋于细化。以前常有一个解说员解说二三十个项目的情况，其实这里面可能有一半的项目他并不熟悉，大部分都是临阵磨枪，只熟悉了一下规则，其他都是靠嘉宾来撑着。但是现在分工越来越精细化，对于体育赛事要求和规则，甚至包括对于运动员和教练员的熟悉程度也要求越来越高。例如，我们广东电视台新来的播音主持专业的学生，在担任现场解说之前必须先做记者，特别是跟队记者，在主场、客场跟球队走，长时间的跟队会让解说员对教练员和球员的战术、技巧非常了解，再回来做体育解说的时候语言就会让人感觉很丰满。

因此，为了保证成材率，在选材之时就要严格把关，慎之又慎。对于体育解说的酷爱是选材的首要条件，专业知识、解说的状态和经验，则可以慢慢地学习。

第三，要解说好一场比赛，除了具备丰富的体育解说知识外，引人入胜、把控场面、冷静分析和画龙点睛的评述也是解说的关键。一场体育比赛，不论其规模大小、普通与否，都好比是一部戏剧，有叙述，有起伏，有高潮，也有低谷。

因此要想解说好一场比赛，首先需要有充分的准备，比如怎么样才能把握好体育比赛的高潮。准备充分之后，如何把事先准备的资料很好地运用上去也是非常关键的问题。有很多年轻的评论员在转播之前准备了很多资料，但是在资料的运用上却处理得不好，上半场就把所准备的资料都说完了，下半场都不知道该说什么了，时间分配得很不合理。比如讲到篮球，这个队员上场以后，很好地突破防守然后扣篮，这个时候带出几句他的履历介绍，效果就特别好，观众也会特别容易接受，如果你开场就介绍这个队员的情况，效果反而不佳。另外，在培养年轻解说员的过程中，解说员要大量观看比赛，增强阅读比赛的能力是必不可少的。

第四，定位要明确。在体育解说中，定位是非常重要的，首先要把自己的位置明确好，然后再把资料准备充分，了然于胸，解说过程中才能游刃有余地带着观众一起欣赏比赛，这样才会达到很好的传播目的。在体育解说中，尤其是地方台还需要有一定的倾向性，比如广州恒大和北京国安打比赛，我们开始解说的时候双方解说员都没有倾向性，但是现在再做广州恒大和北京国安比赛解说的时候，两边都会有各自的倾向性，广东台就是要力挺广州恒大，北京国安就是你再强我也要赢你，这是事先的宣传点。如果在解说当中你是平铺直叙的，或者没有一点点倾向性，可能观众就不会喜欢。因此在一线实践中，解说员需要根据比赛的实际情况和具体的赛事场景，明确自身的定位，然后有选择性地在定位环节上稍微有一些生动的变化，进而驾驭整场比赛的解说。当然这些变化不能偏离基本的传播平台的定位，解说员可以根据现场不同的情况，做一些细微的变化和调整，以便达到一个很好的效果。

第五，要耐得住寂寞。体育解说和其他播音工作一样，看起来是很体面、很风光的工作，但实际上是一件很艰苦的差事，解说员要有耐得住寂寞、熬得了夜的献身精神才能做好这项工作。有很多体育比赛，比如像南美的赛事、法国的赛事、德国的赛事等，都需要通宵达旦的转播和解说。由于需要频繁熬夜，如果没有特别好的身体和吃苦耐劳的精神，想做好体育解说工作是不可能的。常年的通宵熬夜，对于体育解说员的自我调节能力和身体的要求都非常高。

（作者系全国电视体育节目主持人研究会副会长、广东电视台体育节目主持人。发言整理：项伟林）

# 试论体育节目主持人的素质培养

宁 辛

今天在这里发言，我特别激动。我是1980年开始在母校学习的，今天我看到了曾经在一起学习了四年的同学，我特别特别地高兴。在座的很多人都是80年代、90年代从事体育工作的，我干这行也将近30年了，今天能够把体育播音人才培养提上议事日程，我觉得非常重要。因为体育播音主持与新闻、文艺播音主持是完全不同的行当，它非常独特。下面我就体育节目主持人的素质该如何培养这个问题谈几点看法。

第一，想成功不能靠别人，要靠自己，自我培养很重要，要永远重视机会。成长成才的道路一定是自己给自己铺设的，在电视领域取得成功的人绝大多数都是非常努力的人，没有人能只靠运气、靠他人帮助而获得成功，取得好成绩。以白岩松为例，我对他很了解，我和他一起主持过两届奥运会的报道。记得他曾说："不论哪个国家、哪个民族，不论国与国的关系如何，教育应该不受太多的限制。"很多人非常喜欢他的主持，喜欢他深刻缜密的思维和精练有力的语言。白岩松之所以能取得现在的成绩，很关键的一点就是他非常注重自我的培养，他一直非常努力，一直在给自己创造机会并且永远在准备着。2000年悉尼奥运会的直播是他第一次做体育节目，当时我们在悉尼租了两个单元，对面单元是演播室，旁边的单元是我们的宿舍。因为悉尼奥运会每天要直播12个小时，这也就意味着他只有12个小时的休息时间。当时除了白天12个小时的直播之外，晚上他还需要准备有关比赛的各种资料，经常熬夜到凌晨三四点，所以那20天估计他每天只休息三个小时。白岩松有他自己的人生哲学，虽然他已经那么出名和成功了，但他仍然为工作的事情尽心尽力、保持着高度的热情。而且我特别喜欢他的判断力，他主持的时候非常自信，所以我觉得这种成才道路一定是自己给自己铺设的，即永远不懈地去努力，打造自己的平台。

作为在校的学生，要为实现自己的目标多做准备、制订好学习计划。在校期间可以多参加一些实践活动。比如在校园广播站参与撰稿、写评论或者担任校园记者,还可以参加戏剧表演、尝试解说等。参加工作后,我常后悔自己为什么在学校读书的时候没有为自己的将来多做一些准备、多做一些计划、多多充实自己。其实,做主持人可以很辛苦,也可以很轻松,因为没有人知道你对自己的期待有多大,但是受众却可以通过你的主持了解你。

第二,他山之石,可以攻玉。如果说长相顺眼、语言流畅、服饰端庄、激情热忱是一个电视节目主持人的标配,那么衡量主持人主持水平高低的关键则是他的语言功力和分析能力,看他的评论是否拿捏到位,看他的判断是否合理正确。这些本领是从丰富的生活经验中提炼出来的,同时也是从学习中习得的。因此,多研究名主持人、名记者的报道,看看他们是如何分析评论的,学习他们的语言,这点非常重要。我从年轻的时候就很关注别人的评论,到中央电视台工作后,就着重培养自己的分析和判断能力,这对于一个主持人来讲十分重要。我记得当年姚明想离开火箭队和转会的时候,我们国内记者纷纷猜测姚明的去向,但是我上网看美国的一个记者说,姚明不会离开火箭队,因为中国人非常重视家庭观念,他到美国之后就加入了火箭队,并且他的家也在那里。我就想我们的记者为什么想不到这些呢?最后姚明果然留在了火箭队。所以,作为学生要听别人怎么说话,话语链条是怎么组织的,然后想想自己为什么没有这样去想。

我曾经在美国哥伦比亚大学做高级访问学者,当时我买了很多录像带进行观摩学习。其中有一盘是 90 年代时对美国三大电视网关于美国“挑战者”号航天飞机发射不久突然爆炸的直播节目的比较。1986 年美国“挑战者”号航天飞机发射不久突然爆炸,这个事件是人类科学史上的重大悲剧,全球震撼,举世关注。当时美国三大电视网 ABC、NBC、CBS 动用他们权威的主持人来报道这一突发事件。三位主持人对这一事件的评论和分析各不相同,ABC 的詹宁斯手拿航天飞机模型向观众分析爆炸发生的可能原因,他突出报道了遇难女教师麦考利夫的事迹,他把她称为“空间计划史上的第一个公民”“我们认为她的精神就是我们的精神”,使她在观众心目中占有重要的地位。詹宁斯的主持没有空话,语调中包含着情感和自信,我觉得他的分析非常到位。NBC 的丹·拉瑟则为观众介绍了更多的背景和事实,以及航天飞机爆炸的推测和打捞过程,他的描述口语化,沉着冷静、见地深刻,在分析的过程中注入了自己的思想和感情。因此,我认为,要想成功,一定要养成自我培养的能力。应该先去做记者、做现场报道、学习别人的语言、学会判断和分析,同时胜任写作,成为一流的记者后才有机会成为大牌主播。否则,语言平淡、分析不到位,会给人以太年轻、太稚嫩的印象。作为主持人,声音、形象都很好,是百里挑一、万里挑一挑出来的,但是怎样才能与众不同呢?这就要靠自己的语言和分析。作为主持人,要多去听别人的观点,多去分析别人的语言是怎么组织的,久而久之，便会与众不同。

通常，在策划一个新节目时，选拔主持人要看候选人的资历与能力、播音风格、工作态度，以及他的语言能力是否深厚，他的思想是否有见地，等等。美国在主持人考核的时候还要加上一条——主持人的人品。主持人是节目成功的重要因素，好的主持人是电台、电视台最有力的王牌！

第三，主持人要寻找自己的风格，而且从现在就应该开始寻找。年轻的时候我就一直在想应该用什么样的方式进行体育解说，口语化的？自然的？亲切的？这么多年来我形成了一种风格，我觉得体育节目播音应该有激情！进球了，获胜了，都要有激情和力量。所以我觉得不管做什么事情都要靠自己去钻研、去努力。

希望在十年之后、二十年之后，在电视上看到的每一个中国传媒大学培养出来的主持人和播音员，都是非常自信、端庄、大气、追求真实的，我想我会给你们鼓掌的。谢谢！

（作者系中央电视台体育节目主持人。发言整理：项伟林）

# 广播体育解说的存在空间及学科体系的建立

梁　言

## 一、广播体育解说的存在空间

### （一）广播体育解说是电视体育解说的基础

我认为电台的体育解说，应该是中国体育广播电视解说的基础。众所周知，广播比电视出现得早，现在很多电视体育节目主持人是从广播走出来的。在2002年，我去争取电视转播权分给我们电台一点。就这样，我们第一次转播了世界杯，当时我的定位就是可以听的世界杯，听到的比赛也会很精彩。那时，电视很火，广播可以说是在夹缝里求生存，几乎没有生存空间。

### （二）经济的发展扩大了广播体育解说的生存空间

因为经济的发展，人民生活水平有所提高，汽车逐渐普及，行走在路上的人大多选择广播作为“伴音”。此外，现代的服务分工也越来越细致，留给电台的机会越来越多。2002年我们就成立了专门的体育频率，后来上海和广州也有了专门的体育频率。在现在的大环境下，我觉得广播体育解说依然有上升和发展的空间，关键是要研究如何更好地为受众服务。

### （三）广播体育解说有助于练就扎实的基本功

由于电台看不到图像只有声音，所以对声音和语言功力的要求就更加严苛。在这方面典型的实例就是宋建生和孙正平老师。如果我们的解说员都具有两位老师的基本功，就不会经常出现解说不到位的情况，也不会出现虽然解说得还不错，但声音难听甚至像“公鸭嗓”的现象。之所以会出现诸多问题，实际上就是基础和基本功不过关造成的。

## 二、建立体育解说的学科体系

我们应该建立这样一个基础，尊重并梳理自己的过往，建立自己的体系。当然，这需要一个梳理的过程，需要和同学们一起交流，因为你们有很多鲜活的思想和想法能够刺激我们。在2008年北京奥运会体育班上，有一个研究生班，一个本科生班，我带的是本科生班。在教给他们知识的时候，我自己也在摸索，也在不断地思考，我应该教给同学们什么样的知识。

对于这次中央电视台和中国传媒大学的合作，有人说，你们这个拜师仪式弄得跟戏曲曲艺界一样，是不是有点“匠气”？实则不然，我们应该正确认识自己的特点。同样教声音艺术的有音乐学院，教表演的有戏曲学院，教舞蹈的有舞蹈学院，这些艺术类型与播音主持有着千丝万缕的联系，但是彼此的差别也是显而易见的。例如，他们的演员唱不了独唱就去唱合唱，跳不了独舞的可以跳群舞。然而，播音主持则不行。这也就决定了我们教学的特点，单从这一点上来说就完全可以采用师傅带徒弟的方式。

我们要认清自己的特长，我们不能忘了自己的本。自己的本是什么？包括两大类，分别是吐字发声和语言表达。我们不同于戏曲学院、音乐学院、舞蹈学院的特长是什么？就是弱控制。弱控制的目的就是让你的语言更有弹性。语言表达要求能够说清楚，从而使语言表达富有张力。如果能够做到这两点，事业才会取得成功。

我们一直在摸索，也需要学生跟我们一起来摸索。事实上，要找到能够让业界和学界都认可的一套理论和将来可实操的体系不是一蹴而就的，需要时间，我们现在知道的只是什么不大好，怎么做才会更好。

从这些角度来说，我觉得我们这件事情是大有可为的。这些年一直在一线工作，从几年前开始，我也做了很多教学的工作，我愿意也应该把我的实践心得贡献给母校。我会把我的经验，哪怕是教训，告诉学生，争取让他们将来不走弯路或者少走弯路。

（作者系北京广播电视台体育节目主持人。发言整理：李欣）

# 体育节目解说和主持工作的职业化需求

蔡 猛

体育节目解说和主持是一个特殊的行业，这个行业将随着人民生活水平的提高出现飞跃式的发展。由于体育竞赛的真实性以及人类对自身生理和心理极限的探究，即潜意识，使得体育竞赛活动经久不衰且激发了观众强烈的精神力量。

无论从事何种行业，对学生来讲首先是就业问题。而就业的难点在于十分复杂且特别的行业需求。简单地讲，职业化就是一种工作状态的标准化、规范化、制度化，即在合适的时间、合适的地点，用合适的方式，说合适的话，做合适的事。每个媒体或机构所需人才相差甚远。以电视台为例，央视要求一专二能，省台要求一专多能，市台要求多项万能。所以，在大二以后就要对准具体岗位，并且按岗位的具体要求打造自己，以求对号入座。

## 一、体育节目解说和主持工作的职业化前提

### (一)较高的天分要求

体育节目解说和主持专业性较强，对天分的高低有一定的要求，就像有的人天生唱歌跑调，便很难将其培养为歌唱家一样。因此，对于体育节目解说和主持工作来说，并非老师单方面努力就行的，同时需要被培养的人有这样的天分，从心理上有这方面的需求，本身有这样强烈的愿望。

### (二)兴趣与适合自身相结合

对于学生来说，要尽快给自己定位，在定位的时候要注意兴趣与自身条件相结

合。首先,俗话说:“兴趣是最好的老师。”只有喜欢一件事情才会自觉主动地去学习,并不断进步。相反,对于不喜欢的事情,只能是迫于外界的压力而学习,其学习效果和效率就会大打折扣。其次,要选择适合自己的职业,即通过自身努力能够获得成功的职业。这两点都非常重要。

(三)寻求自己的位置

当兴趣和自身条件结合起来之后,就会有方向。有了方向,就需要去考虑具体的位置,即具体的岗位。例如,中央电视台从事体育节目解说和主持工作的有 50 多人,每个人都有自己的位置。虽然原则上说在就业过程中是双向选择,但由于电视体育行业处于饱和状态,更多的需要学生去适应岗位。每一个岗位都有其自身的定位和风格,用人单位会按照岗位的需求去寻求适合的人选。这个时候就需要学生去打磨自己,使自己成为适合这个岗位的人选。

## 二、体育节目解说和主持工作需要具备的素质

(一)熟知体育专业知识

目前,从事体育节目解说和主持工作的播音员主持人基本上分为两派:一是体育专业的毕业生,二是播音主持专业的毕业生。对于后者来说,要想从事这一行,就应该熟知体育专业知识。现在是以内容为王的时代,受众最看重的也是内容。例如,人身上 260 多块肌肉的位置在哪里,篮球如何打反攻,乒乓球的动作术语有哪些……只有熟知体育专业知识,并融会贯通,才算具备成为体育节目解说员和主持人的基础。

(二)锤炼体育专业语言

具有了基本的知识储备,下一步就是研究如何将之用语言表达出来。我认为语言的学习不只是看书,平时的生活也是学习,要多观察。如果进入高度的学习状态,其实无时无刻不在学习。体育解说就是说。首先,要求语言精练,要把场面说得比较客观,比较真实。其次,要求语言能停能开,比赛的关键时刻不能说话,关键时刻结束后能立刻说话。灵活运用语言是一种能力,也是专业训练的结果,要把握好说细节与说宏观的时机。最后,评论语言要有标准,包括道德标准和人文关怀。从道德角度怎么看问题,从综合角度怎么理解问题,这一点至关重要,只有做到恰到好处,才能让受众心服口服。

(三)注重搭档之间的配合

注重与嘉宾、搭档之间的配合,也很关键。生活中、工作中都是先做人后做事。你如何对待别人,你怎样对待事物,这些都会在解说时很自然地反映出来。事实上,做人自然而然就成了一个从事体育解说和主持的基本素质。

(作者系中央电视台体育节目主持人。发言整理:李欣)

# 电视体育节目主持人的专业追溯及职业锻造

白 岚

## 一、当前电视体育节目主持人概况

（一）电视体育节目主持人的规模分布

随着我国竞技体育事业的发展以及电视直播体系的完善，电视体育节目主持人的数量在不断增加。从单枪匹马到规模化发展，我国体育节目（含电视、广播、网络、报纸等媒体）主持人已超过1000人，其成长壮大的过程也成为中国体育事业和电视体育传播事业发展的见证。具体来说，我国体育节目主持人的分布情况如下：全国城市台以上到中央台，约330—350人，其中1/3的人是综艺兼体育；广播领域，约140—160人；网络领域，不少于100人；另外，全国地市级以上报纸行业，其版面专栏主持人，约450—460人。

（二）电视体育节目主持人的来源

目前电视体育节目主持人的来源分为三类：一是播音主持专业院校毕业的学生，例如中国传媒大学播音主持艺术专业的毕业生；二是体育专业院校的毕业生，例如在大学期间主修体育专业或是专业运动员，毕业后或退役后从事体育解说；三是其他专业的毕业生，例如学习经济、外语等专业的毕业生。

## 二、电视体育节目主持人的职业锻造

（一）苦练基本功

一口标准流利的普通话是电视节目主持人所应具备的基本条件。体育赛事的节奏一般都较快,这就要求主持人的嘴也要快。同时,体育赛事的不可预知性要求主持人要有很好的口头表达能力和随机应变能力。

(二)加强专业知识的学习,走专业化道路

很多主持人是播音专业出身,可能对体育并无太多了解,体育专业素质不高,缺乏运动体验和专业知识,所以现场体育解说可能会让这些主持人有力不从心的感觉。体育主持不是照本宣科,应该有专业的体育思维,有自己的专业项目,能够有见解并形成个性化的解说方式。专业化不仅仅是只专一项,而是一专多能,在专业领域能撑起一片天,在其他项目中也有所见解。

(三)要做一个杂家

在 2008 年奥运会的时候,我演过很多部话剧,这对于调动内心的感情和表达感情的方式都有很好的锻炼,实际上这也是对我们声音的一种展示,对于体育解说工作有着很大的帮助。这说明,电视体育节目主持人需要了解方方面面的知识,因为体育本身就涉及很多、很杂,我们不可能把体育做得特别专。例如,在 1996 年全国足球甲 A 联赛中,当时八一队和广州太阳神在石家庄比赛,广州太阳神有一个队员腿受伤了,正好河北省医院一个外科大夫在现场,我给他打电话,说明了是内侧韧带受伤以及受伤程度。结果第二天媒体报道就用了我的描述。很多人说这个主持人真专业,伤的什么部位,是什么伤都能说得非常清楚。这一点就告诉我们,体育节目主持人知识一定要渊博,要懂得方方面面。

(四)热情而客观的评判

好的体育节目主持人在解说时传递的应该是竞技的精神、激昂的态度、乐观豁达的心态,所以不能懒懒散散、拖拖拉拉、低沉无气。主持人是信息的传播者,不能把个人情绪强加给受众,要做到客观公正、实事求是。

(五)良好的形象气质

播音主持讲求“德才兼备,声形俱佳”,其中声形俱佳是十分重要的一点。对于体育播音主持来说自然也不例外。“声形俱佳”中的形象气质并不是所谓的英俊潇洒或美若天仙,而是要具备符合专业要求的内在和外在形象气质。就体育节目主持人来说,内在形象包括工作态度、文化知识水平、美学修养、体育方面的专业知识等方面,而外在形象则包括长相、形体与表情动作、着装等方面。内在形象通过外在形象体现出来,二者相辅相成。

（六）健壮的身体素质

俗话说："身体是革命的本钱。"有些现场体育赛事常常在凌晨或后半夜进行，这就对体育解说员的身体素质提出了很高的要求，因此，保证身体的健康至关重要。

（七）广阔的职业去向

现在电视台对体育主持的需求基本处于饱和状态，建议在校大学生拓宽职业去向，可以考虑去广播、网络等媒体就职。目前，微信也在开展这方面的工作。很多人进入了体育节目主持人只能做电视的误区。实际上，广播、网络更缺乏专业的人才，而且，随着私家车的兴起、新媒体的广泛应用，广播和网络的优势越来越突出，电视正面临着前所未有的危机。拓宽职业去向是十分必要的。

（八）发展中国体育电视秀

近十年来，中国的"真人秀"节目如雨后春笋般兴起和壮大，但主要集中在表演竞技类、益智游戏类、约会相亲类、职场类等领域，在体育方面的"真人秀"少之又少，除了季播节目——江苏卫视的《星跳水立方》和浙江卫视的《中国星跳跃》——之外，可以说是寥寥无几，而且，这两档节目主要以明星为看点，体育项目比较单一。因此，研究和开发中国体育的电视"真人秀"节目势在必行。

随着我国体育事业的迅猛发展，电视体育正朝着多元化的方向发展。为此，电视体育节目主持人应该及时修炼自己，将电视体育的魅力传递给每一个爱好体育的受众。

（作者系河北电视台体育节目主持人。发言整理：李欣）

# 电视体育解说的人性“话”

姜小京

## 一、何为电视体育解说的人性“话”

解说就是用语言来表达的一种艺术。如何表达是我们多年来一直探讨的话题，包括吐字发声的基本功和表达的内容。电视体育解说的人性“话”可以与习主席提出的“接地气”结合起来，即最能贴近观众的话，最能进入观众心中的话。简单地说就是要以朋友的身份，用观众听得懂的话去表述内容。这一问题亟待落实到体育解说工作上。

## 二、电视体育解说所面临的窘境

近年来，从不同受众面反馈的信息得知：电视体育解说声音从大到小，从小到无，关掉声音看比赛成了部分受众的习惯。为什么会出现这种情况？曾经符号式的解说声，是否能适应当今电视受众的收视习惯？传统的电视解说能否与今天极具视觉冲击力的比赛画面相匹配？电视体育解说的生命力何在？

## 三、深度、客观地剖析当前我们所面临的问题

第一，随着时代的进步，高科技的大量运用，多媒体的迅速发展，电视信号传输达到了一个前所未有的高度，使比赛的转播节奏大大提升。

第二，信息时代下平等的、海量的信息来源，让体育解说员失去了独享信息资源的优势。

第三，电视观众解读比赛的能力越来越强，这对电视体育解说工作提出了新的

挑战。

## 四、从人性“话”的角度谈如何解决当前问题

(一)解说、嘉宾与主持人的关系

从解说与嘉宾的关系的角度来讲,他们必须是知心良友。在过去这些年,解说与嘉宾的关系有“拉郎配”的感觉。两人交流声音很小甚至没有交流,自说自话,丝毫找不到两种声音的关联性。在这方面典范有孙正平和张卫平老师,两人平时就是很好的朋友,在NBA篮球解说当中,两人用一个眼神就知道下句要说什么话。

(二)要从人性的角度理解体育

对于参赛选手在场上的各种表现要从人性的角度去理解,即将心比心地站在他们的角度看待事情。例如,2006年世界杯决赛时,法国队员齐达内在加时赛的时候用头撞意大利的马特拉济,齐达内被红牌罚下,使法国队与世界杯失之交臂。赛后采访的时候,齐达内说之所以用头撞马特拉济,是因为马特拉济侮辱了他的姐姐。泰森咬霍利菲尔德耳朵的事件,事后,霍利菲尔德表示非常理解泰森为什么这么做。泰森是从黑人堆里奋斗出来的孩子,对挑战赛和世界杯规则没有概念,他一着急就咬了,是人性使然,从人性角度来理解泰森也就不奇怪了。

(三)体育项目与人性“话”的结合

体育解说要把体育项目融到人性“话”当中。例如,金宝成的解说跟体操项目就很好地结合在了一起,体操项目种类和规则极其庞杂,然而他却熟练地掌握了国际规则。不难看出,体操项目已经融入他的血脉当中,他对这个项目的追求和对解说的执着也不言而喻。此外,焦玉平在广州亚运会上,把女性选手力与美的表现描绘得非常精彩,受众反响强烈。再如,蔡猛在马术解说上可以做到人马合一。这就是人性“话”。

必须着重强调的是,人性“话”跟个性化绝不能画等号。例如,解说员在个性张扬时,那种声嘶力竭的解说属于个性的展示,绝不能代表人性“话”的表达。

(作者系陕西电视台体育节目主持人。发言整理:李欣)

**【学术视界】**

# “播音主持经典传承与创新案例库”[①]建设的思路与原则

王宇红

## 一、关于“播音主持经典传承与创新案例库”建设意义的阐述

从一般意义上来讲，无论是文学界、艺术界，还是哲学界、美学界，经典作品都是具有多质意义，能够进行丰富阐释的作品；是能够经历共时性和历时性考验，并经过审美体验的创造，给人带来美的感受，从而成为一种有价值尺度的作品。所有学科进行经典研究的意义便在于发掘其永恒的魅力，传播其永恒的价值，以此来指导后世的创作，我们进行“播音主持经典传承与创新案例库”建设的目的和意义也在于此。

### （一）“播音主持经典传承与创新案例库”的建设，对繁荣广播电视语言传播创作，催生有声语言典范具有重要的借鉴意义

如果说经典和大家是一个时代播音主持艺术水平和地位的标志的话，那么从研究对象来讲，“播音主持经典传承与创新案例库”建设中所观照的作品就是不同时期涌现出来、能够经受住时间考验且仍然具有艺术魅力的典范作品和代表作品。这些作品以迥异的风格、丰富的内涵、崇高的审美取向，从不同的侧面反映特定时代的精神风貌和精神气质。另外，从每个时代的大家巨匠及其代表作品身上，我们也能感受到成为一个时代有代表性的播音艺术的永恒魅力。通过研究各个时代的播音主持经典和播音大家的创作与成就，能够明晰地勾勒出有声语言艺术的发展轨迹。参考、借鉴、学习前人的创作经验，对于后世从事有声语言创作的人来说，无

---

① “播音主持经典传承与创新案例库”项目是2013年经中国传媒大学研究生院正式立项的专业学位研究生课程教学案例库建设项目。

疑是有启迪和教育意义的。

科技和交流的发展，使“地球村”的理念越来越深入人心。各民族之间、各文化之间的交流也日益深化，交流的前提是对话，对话的前提是文化的沟通。中国播音学研究应该在全球化与民族化对立统一的场域中，寻找价值理念的突破，通过语言与文化的沟通和交流，特别是通过更多经典作品的创造来发挥作用。

### （二）“播音主持经典传承与创新案例库”的建设，对中国播音学的深入发展和社会文化建设都具有积极的建构意义

由于广播电视语言传播在广播电视传播系统中处于特殊的位置，许多重大历史事件的直播和转播，都是经由播音员、主持人的劳动传播出去的。尽管播音员、主持人并不是历史事件的创造者，最多只是见证人、传播者，但是，他们的声音已经和这些历史融在一起，成为历史的声音，成为中华民族集体记忆的一部分。这种记忆以拟态真实的形式保留下来，给人如临其境的真切感受，能够迅速唤起人们对过去历史的记忆。对它的发掘和研究能够帮助更多的人，特别是一代又一代青少年准确、完整、直观地了解历史的原貌。从这一意义上讲，这部分的播音主持经典创作具有文化价值和历史价值。

### （三）“播音主持经典传承与创新案例库”的建设，是进行实践教学，改革研究生教学模式的一种探索

本案例库建设分为“播音主持经典传承”和“播音主持经典创新”两部分。前半部分的播音主持经典传承课程，将邀请中国广播电视史中的名家方明、虹云到课堂，现场传授、讲解自己的代表作品和创作方法，指导学生通过有声语言创作，传承播音主持经典的文化内涵。后半部分以中国广播电视史中具有广泛社会影响力的名家经典代表作品为蓝本，系统、完整地讲授播音主持经典的创作原则、创作标准、创作手段、创作方法等问题，以激发学生的创造力和创新力。通过讲授与传承这两种文化传播方式，力求达到文化沟通、文化传承与文化创新的目的。同时，更可以进行中国文化经典名篇的录制教学工作，把教与学结合起来，让学生在做中学，在学中做。

## 二、“播音主持经典传承与创新案例库”的建设思路、建设原则阐释

### （一）“播音主持经典传承与创新案例库”对研究生实践教学工作完整性的体现

首先，“播音主持经典传承与创新案例库”是一个包含多方教学关系的完整的

学习流程。

本案例库充分利用资源丰富的播音主持作品资源库，同时在教学中，启发学生以创新的眼光去发现播音主持中的创造性，生产更多的创新性播音主持作品，充分锻炼学生的播音主持实践能力。

1870 年，案例教学首次运用于美国哈佛大学法学教育，其后在医学院试行。在两个学院试行成功后，1921 年，案例教学被哈佛商学院正式推行。经过逐步的完善，案例教学最终得以走向世界。傅维利、陈大超指出："案例教学是引导学生从理论走向实践的最有效的教学方式之一。"

本案例库的教学立足播音主持工作实践性的基础，力求把学生学习能力的提高落实在稿件的创作上，融合名家指导、学生实践、教师教学等环节，力求体现播音主持专业的实践性，教学成果的检验即为实践性作品，如果推向社会也可成为有益于社会的产品。

其次，"播音主持经典传承与创新案例库"是一个囊括全方位教学资源的内涵丰富、流程完整的学习资源库。

本案例库以播音主持名家的成名作、代表作为创作资源，带领学生在鉴赏的基础上了解名家，并与播音名家一起研究作品，进行传承经典、创新创造的研究。学生作品录制成音视频资料，可提供给社会公益图书馆，同时也可作为教学资源充实资料库。

不同于过去教学中引用名家名篇的做法，本案例库的设计以学生专业能力培养为核心，把搜集资料、研究性学习融入案例库建设的环节中来，也就是学生学习的课堂教学环节中来，使播音主持名家、专业教师、研究生形成一个制作链，共同支持"播音主持经典传承与创新案例库"。

其运作流程如下：

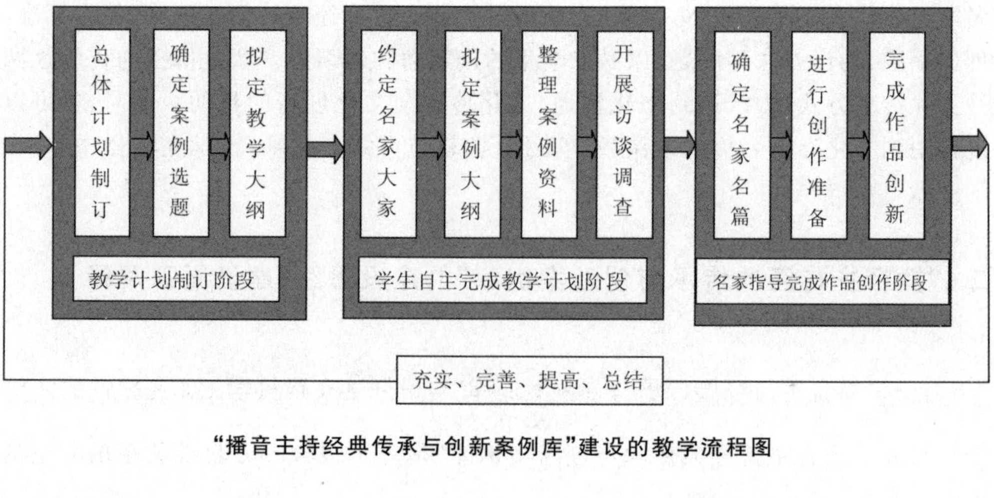


**"播音主持经典传承与创新案例库"建设的教学流程图**

以上图示的具体教学过程简述如下：

第一，教学计划制订阶段。

制定指导教学行为的行动指南，需要教师团队进行认真备课、认真筹划、周密安排，并制订完善教学计划。总体计划制订和确定案例选题阶段：确定本学期需要传承的名家大家名录和作品，在此基础上根据教学时间拟定纲要性教学计划。

第二，学生自主完成教学计划阶段。

教师预先约定名家大家，确定本学期授课案例大纲，让学生做好充分的案头准备工作。拟定好采访大纲之后，选择学生代表开展访谈调查，目的是充分了解名家大家的创作宗旨、创作情况和创作思想。

第三，名家指导完成作品创作阶段。

此阶段是学生进行播音主持实践的教学阶段。因为做好了充分的案头准备工作，学生可以根据自己的喜好，在教师拟定的名家名篇作品资料库中抽取作品，确定自己要创作的篇目，进行初步的创作准备，在课堂上给名家进行第一次汇报演出。由名家进行现场点拨，指出创作中的问题，并进行创作指导。最终以汇报演出的形式完成作品创作，录制案例库资料，完成本学期的教学环节。

### （二）“播音主持经典传承与创新案例库”对研究生实践教学工作典型性的体现

播音主持名家大家参与案例库制作工作使案例的经典性、典型性和可信度更高。

一般的案例库以文本为介质，无法满足播音主持专业的需求。播音主持专业的许多精髓只可意会不可言传，播音主持作品大多以视频、音频等多种形式为载体传播，本案例库融合了这些介质的要求，既可使案例作品“声像并茂”，形象直观，又可录制名家大家的现场讲解，做到口传心授，同时，经过多种形式记录整理，还可以再传播、再使用。另外，当代的播音主持名家大家大都身怀绝技，属国宝型人物，对他们的创作经验进行整理、发掘也是我们应尽的职责。

以学习经典名家名篇的创作过程为任务驱动，以名家示范讲解为亮点的本案例库建设设想，以带动学生专业实践能力的培养为目标，具有举一反三的教学典型性，是播音主持教学方式、训练方法的改革创新，具体体现在如下两个方面：

#### 1. 示范—模仿模式和参与—体验模式相结合的专业训练方法创新

播音主持专业学生播音实践能力的培养主要是通过专业小课的形式进行传授的。小课作为播音与主持专业课教学的主要手段，按照教学计划对学生进行个别指导教学，有针对性地解决学生的不同问题，因材施教。这种通过一对一的具体辅导和训练，帮助学生掌握各项专业知识和基本技能的教学形式，起源于早期工作岗位培训时的师傅带徒弟制度，体现了有声语言教学口传心授、口耳相传的特点。在专业教学中，由于坚持理论同实践结合、大课和小课结合、讲授同训练结合的指导思想，一般而言，大课课程都会对应相应的小课训练，因此小课也分科目进行。不同科目的小课教学既有相同或者相似的教学方法，又有各自独特的教学规律。

小课训练教学的模式既带有示范—模仿教学模式的痕迹，也带有参与—体验模式的特点，是行为模式和情感模式的合二为一。

示范—模仿教学模式是人类历史上最古老的一种教学模式，它以教师有目的的示范为主，学生则通过模仿有效地掌握技能。示范—模仿教学模式是进行播音教学的基本形式。

示范—模仿教学模式的教学程序安排如下：定向阶段—参与性练习—自主练习—迁移。这里谈到的程序安排不是指教学计划中对课程内容的程序安排，而是从教学模式这一理论视角出发所体现出的教学组织形式的整体的、系统的操作样式，是教学设计时不可或缺的一些环节的安排。

首先是定向阶段，即教师示范阶段。实践性教学中专业教师的示范能力特别重要，这也是播音教学区别于一般教学的一个重要标志。在定向阶段，教师示范的核心内容是本课时的教学要点、重点和难点，它以教师对吐字发声和语言表达以及文艺播音、电视播音等专业知识和语言表达技能技巧的示范为有效的刺激，对教学要点进行定向，以此引起学生相应的行为反应，让学生在直观的感受下，通过模仿有效地掌握技能的操作原理和一般程序。

其次是参与性练习阶段，即在定向阶段明确和掌握的教学要点，需要通过学生的模仿实践固化和定型。在这个阶段中，还是以教师指导为主，学生进行有针对性的字词、句段、篇章的模仿练习，这些训练用的字词、句段和篇章都是根据教学要点进行严格筛选后确定的，能够体现教学要点。学生通过辨析、纠正等，最终形成正确的技能行为反应。

再次是自主练习阶段，即在播音教学中强调大运动量练习。学生在已经基本掌握了动作或操作要领后，需要进行加大运动量的自主练习，以巩固学过的技能。由于现在的师生比越来越高，自主练习阶段一般都设计为课下练习，课上检查。同时，自主练习环节的落实还包括早晨的练声和课下的播读、练声等。

最后进入迁移阶段，经过前三个环节以老师为主导的训练之后，学生能够熟练地掌握课程所要求的实践动作与操作要领，并能够举一反三，灵活运用于新的学习或创造性的活动。

参与—体验模式的教学程序安排如下：由于播音主持艺术专业的特殊性，在专业课训练的过程中，老师对学生的指导绝不能仅仅停留在技能训练的层面上，而是要引领学生逐渐进入审美创造的范畴。具体来说，参与—体验模式的基本操作程序为：情感唤起阶段—感知体验理解阶段（情感深入）—定向激趣阶段（情感外化）—审美创造阶段。

情感唤起阶段，以爱美为特征，激发、培养学生对有声语言整体美、意境美的兴趣。

情感深入阶段，即感知体验理解阶段，以辨析美的表达和不美的表达为特征，培养学生对文字语言的审美追求和欣赏趣味。

情感外化阶段，即定向激趣阶段，以创造美为特征，帮助学生将内在的审美情感体验客观化、对象化、形式化，找到适合自己的表达方式。

最后进入审美创造阶段，学生在教师的指导和激励下，很轻松地创造出引人入胜的作品。

2. 引导—发现模式和活动建构模式、审美哲学模式相结合的鉴赏教学方法创新

播音专业教学一直是以大课讲授和小课训练相结合的方式进行的，大课一般采用教师集体授课的方式精讲专业理论知识、基本原理、基本规律和技能技巧，全面、系统、深入地讲解理论知识，同时对核心技能进行统一的指点和示范。

专业大课虽然以传授专业理论知识为主，但并不是只讲理论没有实践，而是遵循“大课小上”的原则，把小课教学中的一些元素移植到大课上来，举实例、教师示范、学生实践三方紧密结合。这一模式基本上以苏联教育学家凯洛夫创建的教学模式为基础，以解决问题为中心，注重学生的独立活动，着眼于创造性思维能力和意志能力的培养。

随着创新教育理念在高校的逐渐普及，播音主持专业大课教学的模式也逐渐由过去的单一型向多元化的教学模式转变，教学方法从过去单一型传授课程知识为主的注入式教学转向启发式、交互式、讨论式、自主式教学。活动建构模式、审美哲学模式等大课教学模式在原有基础上不断发展完善。

以活动建构模式为例。在过去的播音教学中，也比较重视通过集体活动展现教学成果。比如，在播音创作基础阶段就有汇报演出，现在又增加了阶段性会操等多维互动的教学环节。阶段性会操是以会操展示为教学手段，让学生在富有竞赛性的会操比赛中观察别的同学的学习情况，同时也帮助老师在这种整体对比中把握学生的情况。

审美哲学教学模式是一种以学生为审美主体，以播音主持作品为审美客体，通过教师的中介作用促使主体和客体沟通的教学模式。在审美鉴赏活动中，教师注重把人文精神和普世价值融入播音主持艺术专业的教学内容、教学安排、教学设计、教学组织中来，从而帮助播音主持艺术专业的学生建构高尚人格、强化语言功力、磨炼意志情操、培养专业能力。

活动建构模式的教学程序为：构建动场—自主学习—交流探究—综合建模。

构建动场就是建立合作、互动、交流的良好课堂教学氛围。自主学习，在会操过程中老师针对学生现场表现进行即兴点评，帮助学生更加感性地理解教学内容，完成教学任务。交流探究，无论是汇报演出还是会操，实际上对学生来说都是一个交流探究的过程，学生在会操现场不仅展现了自己的播音主持能力，同时还可听到老师和同学对自己的评价，可以在沟通交流的同时反思自己的优势和不足，找准自己学习的方向。综合建模是指经过这样多次反复的实践，学生可以通过多元思考、综合实践来巩固学习成果，提升进步空间。

审美哲学模式下的审美鉴赏教育大课的基本程序为：唤起主体经验—深化与扩展主体经验—进行审美评价。

(三)"播音主持经典传承与创新案例库"建设的科学性、真实性、合理性、深刻性、新颖性阐述

第一，案例内容的科学性、真实性。

本案例库设计的名家名篇都有非常明确的创作时间、地点、历史背景、社会文化环境以及作者的创作体验。由名家口述的创作经验是宝贵的播音主持经验。例如方明的代表作通讯《在大海中永生——邓小平同志骨灰撒放记》，播于 1997 年 3 月 2 日，播出平台为中央人民广播电台和中央电视台，该节目介绍了邓小平骨灰撒放的完整过程，是中国历史的一段记录，也是方明播音风格的代表作品。

第二，案例教学指向的目的性明确，教学设计合理。

本课程以播音主持基础理论为教学内容，重点解决学生在播音主持创作实践中涉及的重要理论问题，而名家讲授更具吸引力和说服力。

第三，案例内容的深刻性。

案例库中的作品大都是对重大历史事件、重要活动的反映。例如齐越的《开国大典》、虹云的《话说长江》等堪称划时代的伟大作品。

第四，案例建设的典型性，以案例教学形式对播音主持资源进行重组，是一种创新的资源整合，具有教学形式的新颖性。

以案例库的形式建构播音主持艺术专业研究生学习的资源库，能够很好地发挥播音主持艺术专业直观、具体的特点；使用案例也以代表作为主，具有教学与实践指导的典型性。

（作者单位：中国传媒大学播音主持艺术学院）

# 媒体有声语言传播者的文化影响力分析

周甄陶

在全球化的语境下，不同文化间的交流与沟通构成了世界文化的多样性，中国文化的内涵和外延在这样的环境下得到进一步的发展和延伸。尽管意识形态、社会制度和国家利益等分歧依然存在，但在促进本国文化发展、倡导文化多样性、提升文化传播影响力方面各国政府的态度是相同的。

很多国家都在致力于提升自身的文化影响力。在21世纪的第一个十年中，各国都十分注重自己的形象和品牌建设，将这二者的塑造作为提升国家文化传播影响力和软实力的重要方面。英国在2002年进行的国家推广活动主题为“酷不列颠”和“创意英国”，希望通过系列推广活动打造其在创意产业领域领军人物的新形象，改变外界长期认为的英国式刻板印象。法国在2003年推出的国家形象广告，主要彰显其多元文化融合的形象，主要角色是13名普通法国女子，其中包括8名北非移民或北非裔后代。

西方对1949年以来中国形象的理解有一个变化过程。改革开放前的中国处于封闭状态，西方国家将中国形象与专制、好战、革命输出等词语联系在一起，中国被认为是一个充满红色恐怖的未知国度；改革开放以来的30多年里，中国致力于经济建设，对内对外政策的调整及经济的高速发展成为此时西方对中国的首要印象。

随着经济取得举世瞩目的成绩，中国也需要不断增强软实力，进而提高自身的文化影响力，以提升国家形象。2011年年初，中国国家形象宣传片在美国纽约时代广场亮相，并相继在欧亚多家电视台播出，在该片 Captivating Chinese Dialogue（迷人的中国对话）环节中，出现了陈鲁豫、水均益、敬一丹、白岩松四位国内具有代表性的主持人。一方面，旨在向世界展示中国日益改善的媒体环境；另一方面，说明中国希望通过本国媒体和主持人向世界展示一个全面的而非充满偏见色彩的国家。一些西方媒体或节目主持人对中国的偏见或刻板印象虽然有其报道角度和立场等问题，但也与我国媒体长期缺席国际话语，传播的内容和形式滞后等因素有关。

媒体作为国家的传播机构，其所传播的内容应是该国文化的体现，而媒体有声语言传播者——主持人则是整个传播过程的终端，即国家文化以及媒体立场的具体体现者。于是可以看到这样一个层级结构：国家—媒体—媒体有声语言传播者。该结构最终由媒体有声语言传播者即主持人实现信息及文化的传播，同时通过主持人自身的传播能力影响广大受众，达到提高文化影响力的目的。以美国为例，CBS 电视新闻栏目 *60 Minutes*（《60 分钟》）主持人华莱士（Mike Wallace）1968 年起担任该栏目主持人直至 2006 年退休，他一生采访了包括八任美国总统、马丁·路德·金、阿拉法特、普京等政要。尤其因为采访邓小平、江泽民而为国人所熟知，其以尖锐、强势的提问风格和深入犀利的调查性报道而闻名。近年来美国脱口秀节目流行，新闻讽刺节目 *The Daily Show with Jon Stewart*（《囧司徒每日秀》）主持人 Jon Stewart 以其风趣的讽刺风格成为美国家喻户晓的时事评论员，与传统形式的新闻相比，该节目已成为 30 岁以下年轻受众获取新闻的主要来源。

既然媒体传播的内容是文化，传播的目的是提高文化影响力，那么首先应该理解什么是文化。

## 一、文化的影响

所谓文化，就是人们在同一个环境中所具有的"共有的心理程序"。文化不是某一个个体的特征，它是具有相同社会体验、有过相同教育经历的许多人所共有的心理程序。来自不同群体、不同地域或国家的人们，拥有不同的心理程序，造成人们拥有不同的思维方式。文化的产生不是孤立的，环境地理是影响一个民族或者国家文化的重要因素。人类的社会存在决定人类的社会意识，而不是社会意识决定社会存在。环境地理的差异使得不同国家和民族形成了不同的经济基础，由此产生了不同的制度、哲学、思想、文学、艺术等，这些不同的因素形成了不同的文化。文化是它所处时代的客观反映，每一历史时代的经济生产以及必然由此产生的社会结构，是该时代政治的、精神的和历史的基础。因此，每一个时代都有属于它这个时代特征的文化意识形态。按照"国家—媒体—媒体有声语言传播者"这一层级结构，媒体有声语言传播者是时代文化的体现者，以我国为例，"文革"时期的播音员的播报特点是"高、平、空"式的喊叫，改革开放初期播音普遍"降调"，直到现在节目类型多样化和主持风格多元化。

## 二、要主动适应时代变化

自上个世纪末以来，随着全球化进程的加速发展，尤其是中国改革开放的深化，以及信息技术的进步和新媒体的发展，经济的全球化和文化的全球化已经成为每一个个体都可以触及的客观存在。在时代的变革和历史的发展趋势面前，任何个体都不可能阻挡其前进的步伐，也不可能跳出其中而置身事外，要么被大潮吞没，要么主动适应时代寻求新的发展。文化的发展也不例外。如果把文化的全球化单纯地理解为西方文化特别是美国文化的入侵，那么这两种异质文化之间必然是彼此冲突，甚至是你死我活的；如果将文化的全球化理解为人类共同价值追求的联合体，那么在文化多样性的世界中不同文化之间会彼此借鉴和欣赏。文化的交流会消融偏见和冲突，这不但取决于文化自身的价值地位，更取决于作为文化拥有者的文化自信。

随着综合国力的增长，中国的国际影响力越来越举足轻重，在国际社会中的话语地位逐渐上升。人们也逐渐对西方文化有了清醒的、现实的认识和反思。同时，全球化也让全世界的人们共同面对一些不可回避的问题，例如气候问题、可持续发展问题等，不同文化都在寻找解决这些问题的办法和途径。因此，媒体有声语言传播者在这一语境下应主动适应时代，以全球化背景下共同面对的话题为切入点，以中国视角同世界展开对话，让他们理解中国，认同我们的文化理念。

此外，技术的进步改变了传播方式，使传播不再局限于传统方式或某一种方式。尤其是全媒体作为一种整合运作的媒体方式和模式已经形成，它运用目前所有的媒介方式和网络平台形成了有别于任何单一传统媒介的传播方式。全媒体本身是一个不断发展的概念，它会随着技术的发展将更新的传播媒介纳入其中。全媒体不是目前所有媒体的简单叠加，它是不同媒介形态融合后产生的新的传播方式，2012 年伦敦奥运会是全媒体运营的一次成功尝试。就目前来看，通过整合广电网络、电信网络以及互联网络进行信息传播的三网融合，将逐渐实现任何人、任何时间、任何地点、以任何终端获得任何想要的信息的愿景。

因此，走出去发自己的声音，提升我国文化影响力的时代背景和技术条件均已成熟。

## 三、如何提升文化影响力

文化传播的意义在于文化对受众的影响力。影响力是将主体的预期施加于他者以期对其产生影响的一种能力，与看得见、摸得着的那些物理的力量不同，影响力可以被称为“软实力”。文化的影响力主要是依靠“文化和意识形态的吸引力，抑或通过他人无法表达的喜好从而操纵他人的政治议程。”①

---

① Joseph Nye, *Bound to Land*: *The Changing Nature of American Power*, New York: basic Books, 1990, p. 267.

当下,政治和经济日益全球化,新媒体的传播作用越来越明显,导致传统地理意义上的国界概念逐渐淡化,取而代之的将是信息的无国界化。如何在变化多端的时代既融入世界发展主流,又不丧失自己的文化身份和话语权,保持有声语言传播的"中国气派",这就需要作为传统媒体和新媒体有声语言传播者的节目主持人依靠文化这一"软实力"去传播、吸引、感召更多的受众。媒体有声语言传播者的文化影响力主要体现在:在媒体传播的过程中,将富含文化内涵的信息传递给受众并对其产生预期的效果,既要有向心力凝聚本土文化的受众,同时也要产生感召力和认同感吸引更多的其他民族、国家文化的受众。

媒体有声语言传播者的文化影响力实际上是所在媒体及其所属国家文化影响力的体现,对于将这种文化影响力直接外化和形象化的媒体有声语言传播者而言拥有的其实是一种软性权力,它直接作用于受众,影响对受众的传播效果;同时也在向受众传递着自身文化的道德观和价值观,影响着受众的思维方式和价值判断标准。这种文化影响力从传播者的角度和传播时间的角度来讲,都是从特殊到一般、从个体到整体的关系。

媒体有声语言传播者提升文化影响力具体体现在以下几个方面:

第一,要具备对文化资源解码、编码并输出的能力。受众对媒体有声语言传播者文化的认同是需要时间的,这也就需要媒体有声语言传播者不但要坚守文化定位,同时也需要投入时间保持节目的生命力,只有保证了一定时间量的积累才能对受众的审美取向逐渐产生作用。具体体现在对语言形式的追求上,语言是文化的物质载体,通用语的使用也是文化软实力的象征,媒体有声语言传播者对受众有最直接的示范作用和传播影响力。

第二,媒体有声语言传播者的文化品位高低会影响他所传播的信息文化的品位。新媒体时代下,受众可以快捷地获取各种信息,这些信息或高雅或通俗,或属于主流文化或属于亚文化,但是,作为媒体形象,甚至国家形象和民族优秀文化代表的媒体有声语言传播者应当始终以先进文化的前进方向为指引,以真实为基础、以人文为精髓、以美为追求,这样才能传递本民族、本文化的精髓,才能得到其他民族和文化的认同。

第三,全球化所引起的社会变革导致了国家和社会各个阶层的变迁,社会群体之间的联系更多地依靠作为连接纽带的新兴媒体,受众的划分更加多元化。基于此,不同受众之间会形成不同的团体,必然带来不同价值观之间的碰撞。全媒体时代媒体要赢得受众,还得要依靠传播内容本身,面对不同阶层的受众,必然要采取不同形式的传播手段,但是始终坚守的必定是传播内容的文化内核。从形式和内容上,媒体有声语言传播者要加强与不同受众的联系,关注他们关注的话题,关注他们的生存状态和社会心理。媒体有声语言传播者在拥有传播资源优势的条件下应该根据不同受众群的不同心理和节目定位而采取不同的传播形式，运用易于让受众接受的话语方式，让不同阶层、不同国家和民族的人群能更为快捷地了解社会，了解自己文化阶层中其他个体的信息，以文化为纽带加强认同以及与社会的联系。

**参考文献**

[1]张颂等：《语言和谐艺术论》，中国传媒大学出版社 2009 年版。
[2]陈力丹：《舆论学——舆论导向研究》，中国广播电视出版社 1999 年版。
[3]陈卫星：《传播的观念》，人民出版社 2004 年版。
[4]沈雅梅：《对西方媒体热议中国形象的思考》，《国际问题研究》2011 年第 4 期。

（作者单位：中国传媒大学播音主持艺术学院）

# 解放战争时期延安新华广播电台对国民党官兵宣传策略解读

## ——基于“霍夫兰态度说服”模型

马 勇

解放战争时期，作为党和人民的喉舌，延安新华广播电台担负着传达、说服、引导和鼓舞的重任，这其中对国统区官兵的说服传播效果尤其值得我们注意。说服，也即劝服，其标志就是态度的变化。美国心理学家霍夫兰(C. L. Hovland)和罗森伯格(S. Rosenberg)最早提出，“态度是个体以特定的认知、情感和行为意向等几种方式对某种刺激作出反应的预先心理倾向”。

按照霍夫兰的说服传播理论，说服的效果是“以意见和态度的改变程度来衡量”的。可以这样理解，说服传播的核心就是“态度的改变”，态度改变的核心就是“意见的接受”，意见接受的前提是“注意和理解”。延安新华广播电台在向国统区进行宣传时，非常注重意见的散布(包括散布内容和散布方式)，通过意见散布来引起敌方的“注意”，而辅之以一定的宣传技巧和手段使“注意”转变为“理解”，完成说服工作。这也是本文分析延安新华广播电台对国统区广播说服传播的逻辑链条。

## 一、霍夫兰的态度说服模型概说

社会心理学中，“态度改变”是指在一定的社会影响下，一个已经形成的态度，在接受某一信息或意见的影响后，所引起的相应变化。霍夫兰的态度说服模型的提出与发展基于他的“信息传递理论”和“社会判断理论”。霍夫兰的信息传递理论认为，信息的传递过程是一个系统，在这个传递过程中存在着不同的影响因素，而这其中，“信息发布者提供的信息的可信度、信息的内容结构、受信者参与传递活动等是影响态度变化的主要因素”。而社会判断理论是指，“个体所持态度应用一段区域来表示，该段区域由接受的区域、态度不明朗的区域和拒绝的区域等组成。当个体遇到某一劝说信息或新的观点和看法时，首先对此进行判断，弄清这些信息、观点在个体自身的态度区域中处于哪一位置，然后才可能根据上述原则作出改变态度或拒绝不变的反应”。在信息传递理论和社会判断理论的基础上，霍夫兰提出了态度说服模型，经过弗里德曼等人的简化与发展，其模型如下（见下图）：

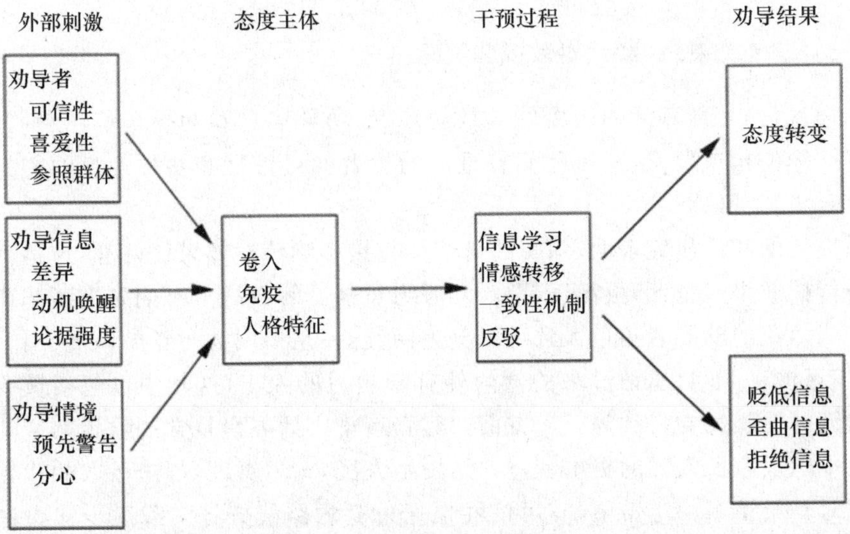


霍夫兰的态度说服模型

霍夫兰的这一态度说服模型，从外部刺激、态度主体、干预过程、劝导结果四个方面对态度说服过程进行了说明。外部刺激的构成要素是劝导者、劝导信息和劝导情境。劝导者的影响力取决于其可靠性、受欢迎程度、与其他群体的比较；劝导信息的鼓动性包括新信息与原有信息的差异性、新信息的吸引程度、可信程度；劝导情境的辅助作用在于对现有环境的不满和对未知的预测。态度主体也即传播的“目标靶”，包括其在新信息中的卷入程度、免疫程度以及人格特征。在态度改变的过程中，态度主体首先要学习信息的内容，在学习的基础上发生情感转移，当接收到的信息与原有的态度不一致时，就会产生心理上的紧张，一致性机制便开始起作用。在劝导结果这一环节，可能会发生态度的改变，也可能会发生对新意见的贬低、歪曲、拒绝，即对抗说服。

如今，我们用这一模型反观解放战争时期延安新华广播电台对国统区官兵的宣传实践，会发现，尽管 20 世纪 40 年代传播学理论还未进入到我国，但是当时的对敌宣传策略十分符合说服传播这一理论体系。需要说明的是，传播学的理论模型都是对众多案例的抽象概括和高度总结，针对具体事例而言，不可能与模型丝毫不差地一一对应，我们在这里仅拿每部分中最具代表性的主要矛盾进行分析与说明。

## 二、态度说服视角下延安新华广播电台对敌说服策略解读

### (一)从"外部刺激"解读对敌说服策略

前面说过，外部刺激的构成要素是劝导者、劝导信息和劝导情境，分别又包括各自子一级的构成要素，这里我们着重从劝导者的可信性和劝导信息的差异两个方面结合史料予以解读。

霍夫兰的实证研究表明，信源的可信性直接影响传播效果的好坏，传播者的可信性与传播效果成正比，可信度越高，劝服力越强。解放战争时期延安新华广播电台中充当信源的劝导者角色大致可以分为两类：一是中国共产党的新闻工作者；二是被"广播演讲"节目邀请过来的党内外有影响力的人士，这其中也包括被我党感化后投诚的原国民党将领等。一方面，"延安新华广播电台是党的喉舌"，它从性质上代表中国最广大人民的根本利益，"是团结人民，宣传真理，打击敌人的武器"，所以人民对其给予了一定希望，其可信性也通过党的路线方针实践逐步被人民所看到。另一方面，劝导者的可信性很大程度上还来源于党内外有影响力的人士，特别是被我党感化投诚的国民党将领。1946 年 6 月 26 日是国民党军队发动全面内战的第一天，国民党空军上尉飞行参谋刘善本第一个驾机起义，飞到延安。7 月和 8 月，延安新华广播电台先后邀请他发表题为《赶快退出内战旋涡》和《这里的人情充满温暖》的广播演讲，演讲中刘善本真切地讲述了自己驾着美国飞机运送军火，间接屠杀自己同胞时所受的良心和正义的谴责，呼吁国民党空军朋友赶快退出内战；同时他还讲述了自己到延安后对共产党、解放区的美好感受和认识，表达了对中国未来的坚定信念。刘善本现身说法的真实讲述在很大程度上或许比我党新闻工作者的直接劝服更加有效，更加能够引起其他国民党军官的认同和共鸣，这是利用心理接近性效应达到劝服目的的一种途径，极具可信性和说服力。

再来说劝导信息因素的运用。传播学理论告诉我们，尽管信息与宣传两者形式上有很多相似之处，但信息本身不是宣传，两者性质不同。不同信息的排列组合，以及大量微观信息在宏观层面上构成的海量效应，都会造成一定的效果，这便是宣传了。试举两例。1946 年 6 月，在国民党单方面撕毁国共两党停战协议并发动全面内战后，毛泽东写信给新华社社长兼总编辑余光生说："从现时起，凡各地蒋军向我进攻之消息，均请发表，并广播；因蒋口头说停战，实际在作战，我应发表新闻予以揭穿。"延安新华广播电台用大量国民党军队侵犯解放区的新闻报道揭露了国民党停止内战的谎言，将其不顾全国人民处于内忧外患、水深火热的境遇之中的恶行暴露出来。另外，《对蒋军广播》是延安新华广播电台开办的第一个对象性节

目,"是一个直接对国民党官兵宣传的讲坛和阵地"。这个节目所宣传的是"事实的真相和我党的主张",具体来说"报道战争情况,宣传党的政策,揭露敌人的欺骗宣传,开展政治攻势,以达到瓦解敌军的目的"。它宣传的是与蒋介石政府所形容的"共匪"完全不一样的人民军队的形象。综上,这种一反一正的宣传,使得部分国民党军官看清了国民党统治者的真面目,收到了良好的宣传效果。

可见,劝导主体可信性和劝导信息的差异性等外部刺激是一种重要的攻心战术,对部分国民党军官态度改变、瓦解打击国民党势力起到了重要作用,是说服策略的重要物质基础。

(二)从"态度主体"解读对敌说服策略

态度主体,即传播终端的目标靶,这里指国统区人民和国民党官兵。我们主要从态度主体的免疫效应和其人格特征加以分析说明。

霍夫兰模型中态度主体卷入事件后的一个特征就是免疫。态度免疫(attitude inoculation)是1964年由麦奎尔(McGuire)提出的,该理论认为:正如人体对病菌的免疫能力一样,个体的态度对那些可能引起其改变的说服也具有免疫能力。怎样使态度免疫降到最低从而达到宣传、说服的效果呢?社会心理学给我们提供了研究视角:免疫的极端就是产生态度抵抗,那么我们所要做的首先就是消除态度免疫(抵抗)的动机。

延安新华广播电台在淮海战役中对国民党军队展开政治攻势,播送了一系列劝降广播。1948年11月27日正处于淮海战役第二阶段,有一篇经毛泽东修改过的广播稿《人民解放军总部向黄维兵团的广播讲话》说:"人民解放军的宽大政策你们是知道的,无论是不是蒋介石的嫡系,只要放下武器,就给以宽大待遇,无论官兵,一律不杀不辱。你们的王耀武、范汉杰、郑洞国及其他一切被俘将领,都在我们这里住得好好的。其中许多人已放回去了。还有许多人我们准备放他们回家。你们都是中国人,何必替美国人打仗呢?中国人民反对蒋介石的独裁卖国,你们何必替蒋介石等少数反动派卖命呢?实机紧急,牺牲无益,你们应当立刻放下武器。南京政府已经摇摇欲倒,黄维兵团十一个师的将军们、军官们、士兵们,赶快调转枪口,和我们一道打到南京去吧!"短短218个字,字字有力度,句句有态度。作为态度主体的国民党官兵其态度免疫(抵抗)的动机是什么?一言以蔽之:害怕被解放军俘虏之后轻则牢狱,重则毙命。但是讲话中说得很清楚,"只要放下武器,就给以宽大待遇,无论官兵,一律不杀不辱",这就给他们吃了一颗定心丸。另外,讲话里还至少有一层意思,都是中国人,为什么要替美国人打仗?为什么要为独裁者卖命?为什么要为反动派牺牲?可谓晓之以理,动之以情。这样一劝说,态度主体的免疫(抵抗)动机自然也就降低乃至消除了。

再来看态度主体的人格特征因素。中国人几千年来受儒家思想影响，家国天下、忠孝节义是生而为人的信条。解放战争时期，国内战乱动荡，在内忧外患、国之不国的客观环境下，延安新华广播电台就像一盏“黑夜中的指路明灯”，它除了通过广播节目使人们看到祖国的前途希望在哪里外，还利用国民党官兵迫切渴望了解亲朋部属下落、急于寻找个人出路的心理，专门在节目中播送起义和放下武器的国民党军官名单，包括姓名、年龄、级别、籍贯、起义或放下武器的地点、家书通讯地址等，这些官兵到解放区以后的生活情况，以及他们写给家人、亲友或同事的书信。1947 年 9 月 29 日，延安新华广播电台播送《中秋月夜谈战局》，在评论前播送了一段话，说太行军区释放回原籍的 1200 多名国民党军官可以在中秋节和父母妻儿团聚了，“本台谨祝他们父母妻子健康”，接着话锋一转，指出同时还有成千上万的蒋军官兵却为蒋介石白白地死在了荒山野地、永无团圆之日。最后劝国民党官兵们“在今天晚上……特别为自己的父母妻儿想一想吧！为自己的前途想一想吧！”试想，这样具有感染力和鼓动性的情真意挚的说服能不使人动摇吗？通过对态度主体内心良知的叩问来达到不动刀枪就打垮敌人心理防线的效果。

（三）从“干预过程”到“劝服结果”的分析

霍夫兰的干预过程也叫中介过程，态度主体获取新意见后是否要作出态度的转变还需要一个“社会判断”的过程。如何作出判断？凭借什么作出判断？判断的物质基础是什么？当然就是上面所说的“外部刺激过程”和“对态度主体的影响过程”。

改变不是无中生有，而是由 A 到 B 的转化过程，即考量原有态度和权衡新态度的过程。因此对 A 和 B 的比较是态度主体作出判断的重要考量因素，而事实上对客观事实的对比性呈现也是延安新华广播电台的一种非常重要的宣传策略。这其中有国共两党对人民态度的对比、对官兵态度的对比、人心向背的对比、统治方式的对比、作战战况的对比等，这些几乎都在延安新华广播电台的节目中有所涉及。比如延安新华广播电台在播报我军战况时就是极具鼓动性的，“一个胜利跟着一个胜利，一份捷报接着一份捷报，像一枚枚重型炮弹打击着敌人，使报道真情的延安(陕北)台的节目，包括《对国民党军广播》始终充满着震撼人心的力量”。这让国统区官兵了解到中国共产党经过 30 多年艰苦的力量积蓄，已经到了将革命推进到全国胜利的大转折阶段的时候了。而与之相对比的国民党军队则节节败退，并且通过摆事实的手法让国统区官兵了解了蒋介石独裁统治的真相。通过类似这种对比呈现，让人们对时局变迁和人心向背有了清醒的认识，从而促进其“情感转移”，进而对新态度产生“一致性机制”，从而完成社会心理学所谓的“个人的继续社会化”。

当然，劝服的结果包括态度转变和对抗态度。说服不是强求，有态度转变的人也必然就有对抗态度的人。对抗态度不在本文讨论范围之内，所以不做分析。查阅史料可以发现,解放战争时期延安新华广播电台在中国共产党的领导下,对国统区官兵的说服工作既讲求动机又顾及效果,同时还注重宣传技巧的运用。总体来说,对有志于祖国统一,有志于使处于水深火热境遇中的百姓免遭涂炭的国民党官兵来说,我党的说服传播工作起到了重要的作用。

## 三、总结

通过以上分析,我们发现解放战争时期延安新华广播电台对国统区官兵的说服传播经过实践的演练和经验的积累已经十分娴熟,完全可以用后来的霍夫兰的态度说服模型对其进行分析解读。这一方面说明了我们党领导的新闻工作者的创新能力和伟大智慧,说明真理是源于实践的;另一方面,在当今这样一个每天都有海量信息可供选择的全媒体语境下,对霍夫兰态度说服模型的总结和实例分析有利于媒体特别是主流媒体把握好正确的舆论导向,有效地进行信息的传达和解读,从而为社会主流价值观的形成起到建设性的重要作用。

**特别说明:**

延安新华广播电台 1940 年 12 月建立,1947 年 3 月更名为陕北新华广播电台,1949 年 12 月正式定名为中央人民广播电台。而中国解放战争的时间是从 1945 年 8 到 1949 年 9 月,所以严格意义上“解放战争时期延安新华广播电台……”的说法有欠妥当,但是本文为了表述一致避免引起混乱,暂时忽略 1947 年的更名,统一称为延安新华广播电台。

**参考文献**

[1]许静:《传播学概论》,清华大学出版社、北京交通大学出版社 2007 年版,第 224 页。

[2]董巍:《态度改变——说服模型的理论传承及其简化》,《黑龙江教育学院学报》2009 年第 5 期。

[3]周晓虹:《现代社会心理学》,上海人民出版社 1998 年版。

[4]刘志:《基于霍兰德态度说服模型的大学生思想政治教育实效设计》,《外国教育研究》2011 年第 4 期。

[5]李彬:《传播学引论》(增补版),新华出版社 2003 年版。

[6]赵玉明:《发扬光荣传统,再创世纪辉煌——纪念中国人民广播事业创建六十周年》,《新闻战线》2001 年第 1 期。

[7]温济泽:《第一个平反的“右派”:温济泽自述》,中国青年出版社 1999 年版。

[8]中央文献研究室编:《毛泽东新闻工作文选》,新华出版社 1983 年版。

[9]王晓博、马超:《态度免疫效应与态度抵制的研究述评》,《社会心理科学》2006 年第 6 期。

[10]张厚粲:《大学心理学》,北京师范大学出版社 2001 年版。

(作者单位:中国传媒大学播音主持艺术学院)

# 播音主持常见多音字误读问题例析

## ——基于北京电视台部分节目的监测数据

王　倩　徐树华

多音字是指有两个或两个以上读音的字。一个字不同的读音，表义不同，用法不同，词性往往也不同。据统计，现代汉语 2500 个常用字中有 359 个属于多音字，这些多音字约占现代汉语常用字总数的 14.4%。多音字如此高的出现频率，给人们学习汉语普通话增加了不小的难度。多音字误读也成了播音员主持人在节目中较常出现的播音主持语言问题。

2012 年 9 月至 2014 年 3 月期间，笔者重点监测了北京电视台卫视、文艺、科教、财经、体育、生活、青年、新闻、卡酷少儿和纪实十个频道的节目，涉及 119 档栏目，共 1101 期节目和 180 位播音员主持人，并对这些节目中出现的播音主持语言问题进行了记录和分析。经过统计，在监测的节目中共出现了 280 个多音字误读问题，出现次数较多，值得引起重视。

下面本文将出现三次及以上且具有代表性的多音字误读问题按照出现原因分成四类进行论述。

### 一、不了解字义，造成误读

绝大多数多音字的不同读音是与不同的字义紧密联系在一起的。表示的意义不同，造成了其在不同词语中的读音各不相同。播音员主持人如果没有弄清楚多音字在词语或句子中的具体含义，就很容易读错读音。这也是最复杂、最为常见的多音字误读情况。

(一)多音字“为”在词语中的误读

2013 年 1 月 26 日《谁在说》节目的主持人将“因为(wèi)”中的“为”错读成了“wéi”，类似的错误在不同节目中的不同播音员主持人身上出现了 27 次；2013 年 2

月 12 日《青年电影手册》节目的主持人将“为(wèi)之疯狂”中的“为”错读成了 wéi。“因为”和“为之疯狂”中的“为”意思都是“引进动作行为的原因或目的”，因此应读四声。

（二）多音字“供”在词语中的误读

2012 年 10 月 23 日《法治进行时》节目的主持人将“提供(gōng)”中的“供”错读成了 gòng，类似的错误在不同节目中的不同播音员主持人身上出现了 27 次。“供”字一共有两种读音，读一声时的意思是“供给，准备着钱物等给需要的人使用”；读四声时的意思是“向神佛或死者奉献祭品，以及被审者述说案情”。“提供”中的“供”指的是第一个意思，因此应读一声。

（三）多音字“尽”在词语中的误读

2013 年 2 月 3 日《警法目录》节目的主持人将“尽(jǐn)量”中的“尽”错读成了 jìn，类似的错误在不同节目中的不同播音员主持人身上出现了 15 次；2013 年 4 月 18 日《首都经济报道》节目的主持人将“尽(jǐn)管如此”中的“尽”错读成了 jìn，类似的错误在不同节目中的不同播音员主持人身上出现了 2 次。这里出现的“尽量”是副词，意思是“力求达到最大限度”；“尽管”是连词，用于复句的前一分句，表示让步关系。因此这两个词中的“尽”都应读三声。

（四）多音字“载”在词语中的误读

2013 年 5 月 18 日《谁在说》节目的主持人将“承载(zài)”中的“载”错读成了 zǎi，类似的错误在不同节目中的不同播音员主持人身上出现了 16 次。“载”字在普通话中有两个读音：zǎi 和 zài，只有在表示“年”和“记录”两个意思时才读三声，在其他情况下都读四声。在这里，“载”的意思是“用交通工具装”，因此要读四声。

（五）多音字“当”在词语中的误读

2013 年 2 月 16 日《晚间新闻报道》节目的主持人将“当(dāng)地”中的“当”错读成了 dàng，类似的错误在不同节目中的不同播音员主持人身上出现了 5 次；2013 年 9 月 23 日《档案》节目的主持人将“当(dāng)口”中的“当”错读成了 dàng。这里的“当”是指引进动作行为的处所或时间，表示正在某时或某地，应读一声。2013 年 8 月 5 日《天下收藏》节目的主持人将“当(dāng)一个工艺品”中的“当”错读成了 dàng。在这句话中，“当”的意思是“担任、充任”，应该读一声。2013 年 9 月 2 日《红绿灯早直播》节目的主持人将“正当(dàng)的渠道”中的“当”错读成了 dāng，类似的错误在不同节目中的不同播音员主持人身上出现了 6 次。在这里，

"当"的意思是"合适、适宜",应读四声。

(六)多音字"着"在词语中的误读

2012 年 12 月 10 日《大城小事》节目的主持人将"着(zháo)急"中的"着"错读成了 zhāo,类似的错误在不同节目中的不同播音员主持人身上出现了 5 次;2013 年 1 月 21 日《文化之约》节目的配音员将"着(zhuó)落"中的"着"错读成了 zháo,2013 年 12 月 2 日《都市晚高峰》节目的主持人将"软着(zhuó)陆"中的"着"错读成了 zháo。"着"字在普通话中一共有四个读音,分别是 zhāo、zháo、zhe、zhuó。"着"在普通话中读 zhāo 时只有一个意思,即下棋时下一子或走一步,也用来比喻计策、办法。"着"读 zhe 时是助词,多用于动词和形容词后,表示动作正在进行或程度深等。在其他绝大多数情况下,"着"都读 zháo 和 zhuó。"着急"中的"着"意思是"感受、受到",应该读 zháo。"着落"中的"着"有"下落、归宿、依靠、来源"的意思,"软着陆"中的"着"意思是"接触、挨着",因此都应读 zhuó。

(七)多音字"兴"在词语中的误读

2013 年 6 月 27 日《全景对话》节目的主持人将"兴(xīng)奋"中的"兴"错读成了 xìng,类似的错误在不同节目中的不同播音员主持人身上出现了 5 次。在普通话中,"兴"有 xīng 和 xìng 两个读音,读四声时只表示对事物喜爱的情绪、愉快和喜欢,在其他情况下都读一声。"兴奋"中的"兴"字意思是"旺盛、振作",因此应该读 xīng。

(八)多音字"间"在词语中的误读

2012 年 10 月 6 日《北京您早》节目的主持人将"间(jiàn)断"中的"间"错读成了 jiān,类似的错误在不同节目中的不同播音员主持人身上出现了 4 次。"间"在普通话中有两个读音,一是 jiān,二是 jiàn。只有在表示"空隙、隔开、挑拨使人不和"三种意思时读四声,其他情况都读一声。"间断"中的"间"意思是"不连接、隔开",因此读 jiàn。

(九)多音字"应"在词语中的误读

2013 年 2 月 23 日《青年电影手册》节目的配音员将"应(yìng)对"中的"应"错读成了 yīng;2013 年 10 月 6 日《SK 状元榜》节目的主持人将"对应(yìng)"中的"应"错读成了 yīng。"应对"中的"应"意思是"采取措施对付、处理","对应"中的"应"意思是"相当",因此在这两处都应该读四声。另外,2013 年 10 月 15 日《北京您早》节目的主持人将"应(yīng)届"中的"应"错读成了 yìng;2014 年 2 月 9 日《虎口脱险》节目的配音员将“一应(yīng)俱全”中的“应”错读成了 yìng。“应届”是“这一届”的意思,“一应俱全”中的“应”是“理所当然”的意思,在这两处都读一声。

(十)多音字“量”在词语中的误读

2013 年 6 月 24 日《我爱我家》节目的主持人将“量(liàng)身定做”中的“量”错读成了 liáng,类似的错误在不同节目中的不同播音员主持人身上出现了 4 次。在普通话中,“量”字有 liáng 和 liàng 两个读音。在表示“用器物计算东西的多少或长短、估计”意思时,读二声,在其他情况下都读四声。“量身定做”中“量”的意思是“审度、权衡”,应该读 liàng。

(十一)多音字“翘”在词语中的误读

2013 年 4 月 4 日《生活 2013》节目的主持人将“翘(qiáo)楚”中的“翘”错读成了 qiào,类似的错误在不同节目中的不同播音员主持人身上出现了 3 次。“翘”字在普通话中有 qiáo 和 qiào 两个读音,读四声时只表示“物体的一段向上扬起”一种意思,在其他情况下都读二声。“翘楚”的“翘”字意思是“高出一般”,应该读 qiáo。

(十二)多音字“强”在词语中的误读

2013 年 9 月 9 日《档案》节目的主持人将“强(qiǎng)迫”中的“强”错读成了 qiáng,类似的错误在不同节目中的不同播音员主持人身上出现了 3 次。在普通话中,“强”字有三个读音:qiáng、qiǎng 和 jiàng。“强”在读 qiǎng 时,意思是“迫使、勉强”;在读 jiàng 时,意思是“态度强硬不屈、固执己见”;在表示其他意思时一般读 qiáng。“强迫”中的“强”意思是“硬要、迫使”,所以应读 qiǎng。

(十三)多音字“吐”在词语中的误读

2013 年 10 月 19 日《非常向上》节目的配音员将“吐(tǔ)掉”中的“吐”错读成了 tù;2014 年 3 月 9 日《文娱午报》节目的配音员将“吐(tǔ)槽”中的“吐”错读成了 tù。类似的错误在不同节目中的不同播音员主持人身上出现了 2 次。“吐”字在普通话中有两个读音,分别是 tǔ 和 tù。在读三声时,意思是“使东西从嘴里出来”,引申义是“说出、露出和放出”;在读四声时,意思是“消化道或呼吸道里的东西从嘴里涌出”,引申义是“退还”。“吐掉”中的“吐”意思是“使东西从嘴里出来”,“吐槽”中的“吐”是引申义“说出”,因此在这两处都应该读 tǔ。

## 二、不了解词性,造成误读

有不少多音字,由于其在不同的语境中词性不同,而导致读音的不同。播音员主持人如不了解这类多音字不同词性的不同读音，也会出现误读情况。

如多音字“处”在词语中的误读：

2013 年 3 月 23 日《生活 2013》节目的主持人将“处(chǔ)理”中的“处”错读成了 chù，类似的错误在不同节目中的不同播音员主持人身上出现了 15 次；2013 年 9 月 9 日《档案》节目的主持人将“相处(chǔ)”中的“处”错读成了 chù。“处”字在表示动词义时读 chǔ，在表示名词义时读 chù。“处理”中的“处”意思是“办理并解决”，“相处”中的“处”意思是“交往、打交道”，均表示动词义，因此都读 chǔ。

## 三、混淆书面语与口语，造成误读

有些多音字的不同读音，适用于不同的语体，用在书面语情况下的复音词和成语中是一个读音，用在口语情况下的单音词或反映日常生活的某些复音词中，又是一个读音。未能区分多音字在不同语体中的读音，也是多音字误读的原因之一。

### (一) 多音字“片”在词语中的误读

2012 年 10 月 21 日《军情解码》节目的主持人将“照片(piàn)”中的“片”错读成了 piān，类似的错误在不同节目中的不同播音员主持人身上出现了 62 次。“片”字共有两个读音，用在口语中且带儿化时读 piān，例如“照片儿”“唱片儿”，而在“照片”“唱片”等复音词中，“片”字读 piàn。

### (二)多音字“血”的误读

2013 年 3 月 11 日《档案》节目的主持人将“鲜血(xuè)”中的“血”错读成了 xiě，类似的错误在不同节目中的不同播音员主持人身上出现了 4 次。“血”字在普通话中有两个读音 xiě 和 xuè。两个读音意思相同，但用法不同。读 xiě 时，主要用于口语，多是单用，也会用于口语常用词中；读 xuè 时，主要用于复音词及成语中。

## 四、受方言或错误读音习惯影响，误读成其他读音

也有一些播音员主持人受方言和个人错误读音习惯的影响，将多音字读成了其自身读音之外的读音。

### (一)多音字“血”在词语中的误读

2012 年 11 月 29 日《北京青年》节目的主持人将“鸭血(xiě)”中的“血”错读成了 xuě，类似的错误在不同节目中的不同播音员主持人身上出现了 3 次；2013 年 3

月23日《生活2013》节目的主持人将“血(xuè)液”中的“血”错读成了xuě,类似的错误在不同节目中的不同播音员、主持人身上出现了9次。“血”字在普通话中只有两个读音:xiě和xuè,不存在xuě这个读音。

(二)多音字“乘”在词语中的误读

2013年3月17日《杨澜访谈录》节目的主持人将“乘(chéng)车”中的“乘”错读成了chèng,类似的错误在不同节目中的不同播音员主持人身上出现了7次。“乘”字在普通话中只有chéng和shèng两个读音,并没有chèng这个读音。读chéng时的意思是“骑、坐,趁、就着,乘法运算”;读shèng时的意思是“春秋时晋国的史书,古代兵车的量词”。因此,在现代汉语中遇到“乘”字基本都读chéng。

播音主持语言是广播电视传播系统中的重要组成部分,其使用好坏直接影响到节目质量的高低。如果播音员主持人在节目中出现较多的多音字误读情况,绝不只是小小的语音失误,它会对播音员主持人个人及其所在的媒介平台,乃至社会大众都产生诸多负面影响。具体来说,一是导致节目质量下降,传播效果减弱;二是降低播音员主持人自身的公众形象,影响其所属台、频道、栏目的权威性和公信力;三是削弱播音员主持人在普通话推广工作中的示范作用,对我国的推普工作形成一定的阻碍。

认识到播音主持语言中的多音字误读问题产生的原因和负面影响之后,播音员主持人和广播电视媒体一定要高度重视,多角度寻求改进的措施。首先,要增强法律意识和责任意识。电台、电视台相关负责播音主持业务工作的领导和全体播音员主持人要认真学习国家出台的关于语言规范化的法律法规,充分认识到播音员主持人在节目中使用标准的普通话,不仅是工作的需要,而且是法定的义务。正确使用播音主持语言,树立其权威地位,是每一个播音员主持人都应有的职业操守和责无旁贷的社会责任。其次,要加强语言学等相关知识的学习。播音员主持人应注重语言学等基础知识的学习,了解常用多音字的不同读音及其不同读音代表的意义、词性和应用语体。播音员主持人还应该注意在日常生活中的积累,保证字典、词典不离手,在不确定词语中多音字的读音时,一定要及时查询并且做好记录。最后,广播电视媒体要建立相关的监督管理体系和激励制度。将播音主持语言规范作为选拔、考核、奖惩播音员主持人的重要标准,定期组织播音员主持人培训,不断提升其语言水平。

本文仅从“多音字误读”这一个角度出发,对播音主持语言进行研究,希望能够对相关从业者和播音主持专业的学习者产生点滴的启发作用,为广播电视媒体能够始终呈现高质量的播音主持语言而贡献一份力量。

**参考文献**

[1]林焘、王理嘉:《语音学教程》,北京大学出版社 2009 年版。

[2]吴弘毅:《广播电视语言文字规范化研究》,中国广播电视出版社 2007 年版。

[3]赵俐:《普通话教学新路》,中国广播电视出版社 2007 年版。

[4]叶蜚声、徐通锵:《语言学纲要》,北京大学出版社 2007 年版。

[5]卢偓:《现代汉语常用字中多音字的分类与识别》,《南京社会科学》2009 年第 12 期。

[6]裴哲:《广播电视节目主持人语言现状分析与思考》,《语言文字应用》2012 年第 2 期。

[7]王俊霞、刘云汉:《多音字读音情况的调查与思考》,《汉语学报》2007 年第 1 期。

[8]王欣:《对广播电视节目主持人语言失范现象的思考》,《文学艺术研究》2013 年第 7 期。

(作者单位:中国传媒大学播音主持艺术学院)

# 试论媒介变迁对体育解说的影响

徐 力

在赛事转播中，随着比赛的进程，解说员必须在话筒前即兴创作一些言语。解说员在转播中到底应该说什么？他在话筒前的传播是以某种功能为导向的，还是随性而为不逾矩即可？如果他是以某种功能为导向，那么这种功能是什么？这些问题无论在业界还是在学界，都引发了许多争论，是回答难度较高的关键问题。可以说，这些问题的答案既解决了解说员遇到的实践问题，也引导着解说研究的方向。在试图寻找答案时，一条重要的线索是体育解说在从广播媒体平台转向电视媒体平台过程中的变化。从某种角度上讲，上述问题所带来的困惑也是在这一媒体平台转换的过程中产生的。

## 一、广播媒体中的体育解说

根据现有的文献资料，体育解说几乎是与广播媒体同时出现的。1920 年，当美国匹兹堡 KDKA 电台成为世界上第一座领有执照的电台后，《匹兹堡邮报》记者弗洛伦特·吉布森就在半年后为该电台客串解说了轻量级拳击赛庄尼·雷和庄尼·邓迪的比赛，“成为历史上第一位在现场解说体育比赛的‘解说员’”。①在我国，第一座广播电台成立于 1923 年，但关于体育解说的明确史料记载则出现在 1936 年，当时出征奥运会的中国足球代表队与在上海的外国球员联队进行一场友谊比赛，上海市广播电台对该比赛进行了转播，并邀请足球专家翟鸿仁，“将球员动作、比赛胜负以及场内各项情形，详细报告”。②

体育解说的诞生应该归功于广播这一传播介质的出现，但影响和决定它的因

① 魏伟：《国际广播电视体育史》，中国广播电视出版社 2012 年版，第 7 页。

② 引自《新闻报》1936 年 4 月 26 日第 4 版。

素绝不可能如此泛泛。在20世纪20年代，在以美国为代表的西方社会，人们对体育新闻的关注度非常高。这一时期，体育报道在一份美国中西部的报纸版面上可占到16%，每份报纸每周有10个栏目刊登有关体育的内容。① 社会公众对体育的关注刺激了体育新闻在时效性上的激烈竞争。各媒体(包括报纸和广播)都希望能够在第一时间发布赛事的结果。于是，为了在比赛结束后立即通过无线电向社会公众播发赛事新闻，广播媒体催生出一种用有声语言报道体育新闻的工种。随着技术的发展，当广播得以同步转播体育比赛时，这个在话筒前的报道者也就逐渐转型为今天的体育解说员。上海体育学院的朱俊河提出另外一种观点，即体育解说源自于对比赛现场的播报。这一观点较为合理的部分在于，在体育解说发展的早期，现场播报的内容和语言样态确实很容易成为解说员参照的样本。毕竟，现场播报实际上就是在向现场的观众报道比赛。

无论是被激烈的新闻竞争催生，还是受现场播报的影响，广播媒体中的体育解说在内容上都有较为明确的功能：描述比赛的事实。这既符合新闻报道的要求，也与现场播报的内容相近。在这一点上，国内外的广播体育解说员基本持有相同的意见。美国CBS体育台的解说员约翰·鲁尼指出："广播解说的精髓在于运用技巧漂亮地完成工作并且用各种色彩为听众画一幅画。"②而新中国成立初期著名的体育解说员张之则说："球赛实况广播，能够充分发挥广播报道快速、使用语言和现场音响的特点……可以使听众产生如临其境的感觉……还必须启发活跃听众的想象力，使完全凭着听觉来了解比赛的听众在脑海里出现比赛的画面。"③

在描述比赛事实这一功能的指导下，广播体育解说在内容上呈现出较为一致的特点，即带有叙述色彩的词句占据相对较大的比重。"观察比赛进程—根据画面编码—生动准确传达"成为解说的基本创作路径。这对解说员的语言也提出了相应的要求，即语言速度需要跟上比赛的节奏，词句必须饱含情感色彩，且栩栩如生，能够令人产生画面的联想。这些要求又推动解说员们寻找和探索提高语言素质或满足该要求的方法和手段，比如"快速读报、学绕口令、学山东快书《武松打虎》、学唱西河大鼓《玲珑塔》"，比如学会"使用简练的语言"，比如从"古典小说《三国演义》《水浒》和《西游记》中找借鉴"，④ 这些都是针对语言速度和语言生动性的训练方法。在如此"目标—实践—训练"的循环中，逐渐形成了新中国体育解说的风格和训练模式，这一模式对后来我国体育解说事业的发展产生了巨大的影响。

---

① 〔美〕布鲁斯·加里森、马克·赛伯加克：《体育新闻报道》(第2版)，郝勤等译，华夏出版社2002年版，第24页。

② 原句为"The essence of radio is to do a good job technically and paint a picture for the listener"，出自〔美〕汤姆·海德里克：《体育播音艺术——如何建立成功的职业生涯》，任悦、王群、金北平、徐力译，中国广播电视出版社2008年版，第53页。

③④ 张之：《球赛实况转播札记》，《现代传播》1980年第2期。

## 二、电视媒体中的体育解说

20 世纪 30 年代，电视技术已经应用于体育赛事的转播。最为著名的就是纳粹德国雇佣了 RCA 和法恩斯沃斯两套系统对第十届夏季奥林匹克运动会进行了“准直播”。[①]这是奥林匹克运动会第一次出现在电视屏幕上。新中国第一座电视台成立于 1958 年。同一年，电视台就利用一辆两讯道转播车，实况直播了八一男女篮球队和北京男女篮球队的表演赛，张之对比赛进行了转播，这是新中国第一次电视体育解说。

媒介的变迁会改变赛事转播节目的形态。有声语言在广播赛事转播中是必不可少的信息载体，在电视赛事转播中是否必要呢？在电视诞生的初期，由于技术条件的限制，画面不仅缺乏色彩，而且极不清晰。1931 年，约翰·比尔德在英国埃普森转播了一年一度的英国德比赛马大赛，据当时的一位工程师回忆，“我们在屏幕上看到的只是一闪而过的马群，根本看不清每一匹马的具体特征。最多也只能分辨出那移动的东西是马匹而已。”[②]在不能保证画面质量和再现比赛细节的情况下，有声语言的解说作为画面信息的补充，当然会被保留，包括它在描述赛况方面的主要功能。

但是，当技术的发展已可以保证画面质量时，电视画面在一定程度上替代了有声语言原有的描述赛况的功能，这让解说员感到苦恼和尴尬。对于刚刚从广播媒体转向电视媒体的解说员来讲，他们的长处在于快速而生动地描述比赛，但观众却说，“不要告诉我我已能看到的东西”，他们发现，“当出现越来越多的电视体育……为它们所做的工作却越来越少”。[③]在这种情况下，电视体育解说员开始了对电视体育解说功能、创作技巧和训练方法的新探索。在美国，有些解说员认为“在电视中，烘托出评论员才是播音员的真正工作”，[④]有些解说员认为在电视转播中，需要为“观众提供一个可以对当前正在发生的事情起到提纲挈领作用的点”，[⑤]还有的解说员认为，解说员的任务是“正在和一或两个人交谈。而且，他们经常在转播的

---

① 魏伟：《国际广播电视体育史》，中国广播电视出版社 2012 年版，第 109 页。

② 魏伟：《国际广播电视体育史》，中国广播电视出版社 2012 年版，第 105 页。

③ 原句为“While there is more and more television sports, you work them with less”，出自〔美〕汤姆·海德里克：《体育播音艺术——如何建立成功的职业生涯》，任悦、王群、金北平、徐力译，中国广播电视出版社 2008 年版，第 86 页。

④ 原句为“In TV, it is really the announcer's job to set up the commentator.”出自〔美〕汤姆·海德里克：《体育播音艺术——如何建立成功的职业生涯》，任悦、王群、金北平、徐力译，中国广播电视出版社 2008 年版，第 88 页。

⑤ 原句为“Provide your audience with a grasp of what's going on”，出自〔美〕汤姆·海德里克：《体育播音艺术——如何建立成功的职业生涯》，任悦、王群、金北平、徐力译，中国广播电视出版社 2008 年版，第 88 页。

时候做着其他的事情，所以你就简单而持续地提醒他们正在发生什么”。[①] 在中国，张之等老一代体育解说员也对专门的电视体育解说进行了思考，并认为“电视体育转播也需要解说，解说要简明扼要，去掉广播中的动作描绘部分，适当增加带评论性的讲解”。[②]

当前，对于电视体育解说的功能尚没有较为统一的认识。有意思的是，当解说员从不得不对赛况进行描述的负担中解放出来后，反倒不知道该如何去利用这种自由。黄健翔提供了一种范本。20 世纪 90 年代，他在美洲杯比赛中“专业”的解说风格获得了观众的认可。此后很长一段时期，“专业”几乎成为我国体育解说（甚至包括广播体育解说）的规范。一些老解说员也表示“应在过去的基础上，重点培养二至三项转播专长，使之达到一般专家、教练员、裁判员的水平”。[③] 根据这一标准，电视体育解说员的主要目标是为比赛画面带来富含专业性的解读。由此，解说员必须通晓运动项目的规则、历史、发展现状、技战术、运动员、教练员甚至这些人之间复杂的关系……丰富的知识和敏锐的思维取代语言成为解说员最重要的素质。

## 三、电视体育解说的功能、创作路径和培养方式

当前对体育解说的困惑主要集中在电视领域，因此这里专门将电视体育解说的功能、创作路径和培养方式提出来进行论述。

尽管“专业”目前仍是国内挑选、评价和培养解说员的重要标准，但需要指出的是，为比赛画面带来富含专业性的解读，并不是电视体育解说唯一的创作模式。作为视听语言的组成部分，声音对于画面基本上有两方面的功能，[④]一方面是确认和拓展画面的信息，比如新闻纪录片中画面与解说的关系；另一方面是增强和烘托画面的美感，比如 MTV 中画面与音乐的关系。如果将视听语言视为一种“语言”，那么声音和画面就应该像“辅音”和“元音”，只有协调地拼合起来才能成为高质量的传播载体。从表达形式的类别讲，无论电视体育转播与新闻纪录片、MTV 在多大程度上有区别，它在本质上仍然是一组视听语言的表达文本。因此，有声语言在其

---

① 原句为“You are talking to one or two people. And, often they will be doing other things during the telecast, so you simply have to keep reminding them of what's going on.”出自〔美〕汤姆·海德里克：《体育播音艺术——如何建立成功的职业生涯》，任悦、王群、金北平、徐力译，中国广播电视出版社 2008 年版，第 88 页。

② 张之：《球赛实况转播札记》，《现代传播》1980 年第 2 期。

③ 孙正平：《体育节目主持人如何提高自己的综合素质》，《电视研究》1999 年第 12 期。

④ 原则上应该还有推动进程发展的功能，但由于赛事转播的进程不完全决定于解说员的语言，其中的关系较复杂，这里暂且不列入讨论。

中就要发挥或确认和拓展画面信息，或增强和烘托画面美感的功能。这两个功能也直接决定了电视体育解说的创作模式。从这个意义上讲，对比赛画面的专业解读不是电视体育解说唯一的创作模式，它只是电视体育解说创作模式中的一种具体形态。

因而，如果以确认和拓展画面信息、增强和烘托画面美感为目标，解说员除对画面中的技战术进行专业讲解外，还可以通过“构建故事情节”“挖掘人物心理”“追加背景资料”等方式确认和拓展画面信息；插入一段即兴的抒情、引用经典的诗句、对画面进行幽默化处理等，则可以增强和烘托画面美感。当然，这些解说技巧都不是一成不变的。当解说员面对比赛画面时，他的阅历和经验会本能地触发想象，产生确认和拓展信息或增强和烘托美感的灵感，并通过有声语言将其表达出来。这才是电视体育解说最基本的创作路径。

因此，在培养电视体育解说员时，应该先训练学生从画面中挖掘出与众不同的信息，训练学生使用有声语言为画面增添与众不同的色彩的能力。这也对学生的观察视角、知识储备、语言基本功和文学修养等提出了进一步的要求。丰富的专业知识固然对激发学生的创作灵感有帮助，但如果一味强调专业知识的重要性，则很容易陷入“肚子有货说不出”的尴尬境地，会对电视体育解说的创作思路和空间造成一定的限制。

综上所述，广播体育解说的目标是通过描述赛况，报道比赛的进程和结果；电视体育解说的目标是通过观察和设计，确认和拓展画面信息，增强和烘托画面美感。媒介的变迁改变了赛事转播节目的形态，也改变了体育解说的任务和功能，而这些任务和功能又决定了体育解说的内容、创作和素质要求。因此，对学生进行专业的训练，不能忽视不同媒介对有声语言创作的不同要求。

（作者单位：中国传媒大学播音主持艺术学院）

# 播音主持创作中的个性体现

邱 识

播音语言应该有自己的个性，不能是程式化的、雷同的而又无味的。“规范性、庄重性、鼓动性、时代感、分寸感、亲切感”被喻为播音语言的特点，也是对播音员的业务要求。当下年轻人对于传统的播音感到厌倦，新奇的网络世界吸引了人们越来越多的注意。一些人认为播音语言，尤其是新闻播音是没有个性的，同时认为方言、不严肃的语言才有个性。这种畸形的审美，使得越来越多的有声语言创作，进入了哗众取宠、“群魔乱舞”的误区。

有人把播音员叫作“人肉喇叭”，认为播音员不说人话。面对诸多的挑战和质疑，播音主持创作该如何面对？现如今媒体需要的是有个性的播音员主持人。然而，播音员的个性是个人学识和思想人格的集中体现，只有在遵循传播共性原则的前提下，个性才能符合传播者自身发展和受众审美的共同需要。个性是在一定标准下体现的，而不是在无序状态中呈现的。笔者始终坚信，万丈高楼平地起，播音创作万变不离其宗，语言面貌好、基本功扎实是基石。有了扎实的基础，个性才能得到有效体现。

## 一、语言是传播者的镜子

外因是条件，内因是决定性因素。

个性是个人比较稳定的心理特征的总和。个性的本质正如马克思所说的“不是人的胡子、血液、抽象的肉体的本性，而是人的社会特质”。俗话说：文如其人，言为心声。一名优秀的播音员除了准确表达稿件内容外，还会彰显出具有一定艺术含量的风格特点，以使其与其他播音员相区别，这就是播音员的个性。白岩松2010年在广州亚运会上的现场解说，没有现成的解说词，而是靠现场发挥。他语调平和，个人风格浓厚，打破了传统的诗歌朗诵式的旁白，传达的信息丰富且专业，业内叫好，观众买账。应该说，他多年新闻工作形成的专业素养与自身语言优势的结合，是其解说成功的重要原因。

在播音创作基础中，讲求停连、重音、语气、节奏的变化，这些都是以思想感情的运动为前提，以理解、感受为基础的。内在语、对象感、情景再现，都是播音员自身的一种感受，面对不同的稿件和环境要适时转换，不外乎内容和形式两方面。表现形式是内容得以传达的一种有效途径，在表达时要注意运用技巧。技巧的好坏又对内容表达的准确与否起决定性作用，使之呈现出不同的效果。

语言的个性化表达是播音员主持人追求的目标。凤凰卫视有一档节目叫《美女私房菜》，卖点是气质美女主播沈星，而做菜只是陪衬。一位十指不沾阳春水的佳人做菜，难免让男观众心神荡漾。可惜沈星的语言没有温度，只注重颜值，或许走心对于美女太难，所以只能“走位”了，这导致节目后来不得不停播。机械地运用播音创作基础理论，没有感悟“诚于中而形于外”的表达品格，语言就成了没有灵魂的躯体，只不过是声音的空架子，形同虚设。有了内在的表达依据和动力，还要有丰富的声音形式。如果一种理解只能用一种表达方式，在脑海中存储的话语样式单调且贫乏，那么这样的有声语言表达即使有了灵魂，也不会丰满，一定会缺乏生命力。

艺术源于生活，所以必须联系生活实践才能对播音创作的个性化体现既有提升，又不喧宾夺主。一个优秀的艺术家之所以能形成自己鲜明、独特的创作个性和风格，其最终根源就在于他们有自身独特的生理机制和阅历及其实践决定的心理过程。中央电视台有一档《防务新观察》节目，主播唐健本人就是工程兵部队的一名军人，他的解说很让人信服。“术业有专攻”，在电视频道专业化的时代，倘若专业程度、准确程度是主持人必备的能力，那么相应的经历则是节目顺利完成的重要保证。相同的作品，不同的播音员主持人在表达时会有所不同。甚至同一个人在不同的时间表达都会有所不同。因为人生的思考、时间的打磨会让人变得深刻，感悟生活也就随之深刻。所以，想要形成自己独特的创作个性，就要使自己的主观特点与客观现实获得有机结合，用最真实的情感投入有声语言创作，才能传达出最具个性的语言。

## 二、语言是时代的缩影

一个时期的播音风格是播音员在该时期特定环境、特定节目类型中根据播音工作的需要和环境的改变逐步形成的。播音风格不仅体现着播音员自身的条件和素质，也是一个时代独有的特色，是时代特征的重要表现。① 像延安时期的广播，总让人有一种“红星照我去战斗”的激情。对英雄的赞扬则充满了“生得伟大，死得光荣”的革命情怀。总之，一股浓厚的历史气息扑面而来，讴歌和赞扬撑起了那个时代的语言创作风格。然而，随着时代的变迁，播音前辈们的满腔热血，如今听起来不再让人沸腾，失了血色。有人不禁感叹，优秀的播音作品还是留在记忆中的好。为什么会有这种感觉呢？一方面当时普通话的发音与现在不尽相同，另一方面那时的技术设备落后，录音条件制约了语言的表达。但这就是时代的特点。据说早期的海外游子，每当半夜打开收音机听中央人民广播电台的呼号时，就觉得有一种归属感，找到了和祖国在一起的感觉，播音前辈们特有的语言风格一直激励和鼓舞着那一代人，这是令传媒人骄傲和自豪的。

播音创作中的新闻播报最能体现时代感。因为新闻话语的敏感性和实时性、洒脱的语气和明快的节奏是一种十分个性化的语言现象，是社会语言的重要组成部分，对社会语言产生着深刻的影响，与社会历史文化有着紧密的联系。以中美关系为例，随着不同时期两国关系的远近，播音员根据稿件对相关新闻的态度转换及拿捏显得尤为重要，如从美议员公开发表辱华言论，到奥巴马总统访华，再到美方以反倾销上诉中方光能企业……时代发展瞬息万变，只有随时关注，才能保持准确敏锐的判断。

社会生活不断发展变化，新闻播报作为社会变化的一种反映，是社会变化最直接、真实、迅速的记录。新闻播报的语言源于社会生活，随社会生活的变化而变化，随社会生活的发展而发展，它不可避免地需要贴近时代的脉搏，才能更加准确、更加真实地反映社会生活。就同一新闻的播报而言，从中央媒体到地方媒体并非完全一样，由于关注点不同，报道视角不同，语言表达方式也就有所不同。面对中国快速发展的现状，时代的洪流裹挟着不同的声音，社会生活的许多方面都面临着重大改变。但是，无论怎样改变，报道新近发生的事件，把党和国家的方针政策传达到千家万户，这是媒体的根本。1994 年《焦点访谈》播出的第一期节目是《行情看好——’94 国债发行第一天》，报道了当天开始的 1994 年度国库券发行的情况、有关人士的评说和群众的反应，在当时引起了巨大的反响。关注国内外重大事件，关心群众切身利益，促进社会问题的解决。《焦点访谈》用事实说话的口号深入人心，20 多年的累积也确实做到了这一点。无论社会发展得多快，在我们这样的社会主义国家里，广播电视是党、政府和人民的喉舌，这是不会改变的。使用和时代相符的语言能有效地传播信息，更容易被受众理解和接受。否则，受众看不懂或者不愿意看，就必然会影响传播效果。没有时代感的语言，就像失去舵手的船，会迷

① 王晓航、古江柳：《浅议播音风格的时代特征》，《新闻世界》2014 年第 6 期。

失在茫茫时代中。

播音不能脱离现实生活。鲜明、生动的时代感并不可能从一篇稿件的分析中获得。倘若没有对生活的深刻体验，没有对政治、经济、文化、审美情趣这些可变因素的准确把握和深刻领会，是无法体会到蕴含其中的时代精神的。语言传播工作就是要为时代服务，语言就是历史和时代的缩影。

## 三、语言是为人民服务的

魏南江在《节目主持艺术学》中写道："节目主持人是以说话的方式完成媒介与大众沟通的社会角色，是一个靠'舌耕'来完成任务的职业语言工作者，节目主持艺术就是一门'学会沟通'的艺术。"[①]在播音主持的二度创作中，有声语言是传播的主要形式，播音员、主持人借助有声语言将文字中的感情、态度和观点生动地转述出来，与受众交流，从而感染受众。总的来说，"播音是一种语言活动，而在'听''说''读(指阅读)''写'等语言活动中，播音又是一种'说给人听'的语言活动。播音本质上就是说话，是以广播电视传媒的代言人(播音员)或主持人的身份在'话筒前'说话。虽说这之中确实存在着许多特定环境下言语发声及表达的特点和规律，但无论如何，在本质上，播音属于'说话'似乎应该是确定无疑的。"[②]播音主持的本质是"说话"，而说话是人与人之间交流的基本方式，在任何形式的播音创作中，与受众之间言语交流最自然的状态就是用平时说话的方式去进行播音主持。主持人崔永元，他的话语总是绵里藏针，在幽默的外表下蕴藏着犀利辛辣。在评价白糖价格上涨时，他说"白糖涨价了，甜美的生活越来越贵了"。还调侃自己的节目，"我们可以容忍《实话实说》说得不是那么精彩，但是我们不能容忍在《实话实说》里说假话"。虽然说实话有时很困难，因为每个人的内心都希望得到他人的尊重，如果你视"锱铢必较"为美德，因言语不当而产生矛盾，还以"我这人就是喜欢说实话"为理由替自己开脱，肆无忌惮地挥动着说实话有道理的"鞭子"，只会让对方产生强烈的抗拒心理。只有在说实话的同时适时地给别人台阶下，才能求得人际的和谐。[③]就像我们在日常生活中聊天、谈话一样随意自然，无须刻意地准备，即想即说，用心去说话，用心去表达，这样才能拉近与受众之间的距离，做到及于受众、感染受众。

"主持人说话应该在原态口语和书面语之间，在普通说话与正式说话之间确定自己的位置，以书面语作为依据，以原态口语作为基础，把两者结合起来经过洗磨、

① 魏南江：《节目主持艺术学》，中国广播电视出版社2006年版。

② 杜守仁：《播音的本质是说话》，《现代传播》2000年第6期。

③ 参见张笑恒：《崔永元的说话之道》，青岛出版社2014年版。

提炼、加工的口语就是主持人的语言。"[1]把书面语加工成大家都明白的语言，说"接地气"的话，说人民愿意听的话，如今《新闻联播》都开始改版，语言接地气了，编排有人情味了。这才是真正的为人民服务的语言，说人听得懂的话。让群众更加明了国家和国际发生的事件，了解与自己生活相关的信息。

个性在语言中很容易凸显，也很容易昙花一现。在追求个性化的风格中，很容易陷入误区。目前很多广播节目都在追求口语化，甚至有些主持人在语言上越来越私人化，不禁让听众反感。2009 年申花舜天之战的网络直播让解说唐蒙和嘉宾刘越深陷"解说门"，被质疑洗钱，笔者转录了部分谈话内容：

**刘越**：朱骏就是胡说八道，看好了今年中途可能换帅，朱骏掌握着球队，吉梅内斯这样的人在欧洲一抓一把，朱骏就是为了让别人高看他一眼，一看外国大牌教练都听他的。

**唐蒙**：金融危机，朱骏身家缩水很大，现在就剩下百分之二十了。百分之二十还是股票的钱，不能套现的。还有欠虹口体育场多少钱现在。

**刘越**：他没钱了。

**唐蒙**：他拿申花洗钱。

在直播节目中措辞不严谨，变成私人化的偏激言论，造成不良的社会影响，实在是有违播音员的职业操守。

播音员主持人的语言既要体现个性，又要不媚俗，且走出自己的风格着实不易，但一代又一代的播音人仍在为了自己的理想，努力地前行。

（作者单位：中国传媒大学播音主持艺术学院）

① 贾宁、李浩：《追求播音主持语言创作"说话"的实质——论"播音腔"的含义》，《今传媒》2013 年第 8 期。

# 从艺术生产理论看电视节目主持人演艺化问题

马 茜

国家主席习近平于2014年10月15日上午在京主持召开文艺工作座谈会并发表重要讲话。他指出，文艺不能当市场的奴隶，优秀的文艺作品，最好是既能在思想上、艺术上取得成功，又能在市场上受到欢迎。对于电视节目来说，收视率意味着节目在艺术市场中受观众喜爱的程度，甚至关乎一个节目的存活。基于此，有些主持人为了迎合观众开始失去自我，甚至走向了演艺化。主持人作为节目中的关键一环，恪守新闻职业道德、正确引导舆论方向就显得尤为重要。本文将用艺术生产理论就电视节目主持人在唯收视率论的市场环境下的相关问题进行探讨。

## 一、电视节目主持人演艺化的表现

随着改革开放的深入，广播电视节目日益丰富多彩，知识性、服务性、欣赏性、娱乐性节目越来越多，播音员主持人的队伍也随之迅速壮大。为了吸引广告和提高收听率、收视率，主持人往往会滑向“插科打诨”“招欢买笑”的泥淖。当下一些娱乐节目主持人有了“演艺化”的倾向，有失真诚，主要表现为以下一些特征：

(1)惺惺作态、嗲声嗲气。为了吸引观众的注意力，打扮得怪里怪气，说话拿腔捏调，模仿港台腔，体态轻浮。

(2)不讲分寸、信口开河。说话不经思考，不注意舆论导向，废话太多，无效信息不断重复，甚至庸俗调侃。

(3)突出自我。为了显示自己的“个性”，忽略节目宗旨，矫揉造作，虚情假意。

(4)错误把握对象感。要么心中无嘉宾、无观众，自以为是，高高在上；要么一味地迎合某些“三俗”观众的需求。

## 二、为什么会出现电视节目主持人演艺化

### （一）艺术生产市场环境所致

能够在市场竞争中生存下来的优秀电视台无一不依靠良好的广告等经济收益来支撑。例如，据湖南卫视前台长欧阳常林在 2015 年 3 月 30 日晚于中国传媒大学 1500 人报告厅的主题为“快乐电视——梦想与选择”的讲座中透露：湖南卫视招商合同已经签下 120 多亿，而湖南卫视的四档王牌节目《爸爸去哪儿》《我是歌手》《天天向上》《快乐大本营》每年各自的广告收益均在 10 亿元以上。试想，如果湖南卫视没有高收视率，高额的广告费何来？没有经济基础，谁花钱打造新的精品节目、创造新的收视率神话？显然，这是一个环环相扣的链条。

毋庸置疑，电视节目的收视率直接与电视台的经济利益挂钩，收视率高意味着会有更多的广告商愿意与之合作，由此电视台才能有钱经营和制作更多的精品节目，这是艺术市场的规则。面对这样的艺术生产市场环境，有些节目主持人为了获取收视率不得不使出浑身解数，甚至错误地走向演艺化的道路。

说到这里，不得不引出主持人演艺化的根本原因：艺术生产。

马克思的“艺术生产论”有多种意义。第一种意义是把物质生产与精神生产的艺术生产相比较，并不专指某一特定历史时期的艺术现象；第二种意义是指实际的创作过程；第三种意义专指在资本发展时期，一切艺术生产是为资本创造价值，一切艺术品都具有商品的属性。我们一般从第一种意义和第三种意义上来理解马克思的“艺术生产论”。

艺术生产，说到底不过是生产的一种特殊形态，它必然受到生产的普遍规律的支配，这也是为什么电视节目的收视率如此重要的原因之一。没有收视率就意味着吸引不到广告商，没有广告费的收入，节目该如何生存下去呢？

电视节目主持人面对这样的依靠收视率的生存之道，不得不想尽一切办法让自己成为节目的亮点，可是观众喜欢看的并不一定是符合节目宗旨的，甚至有可能是不符合主流价值观的错误思想。这时，主持人就很容易剑走偏锋，为吸引观众眼球而误入演艺化之路。例如一些地方台的女主持人穿着暴露、言行肤浅，给观众带来了极大的视觉污染和思想污染。

### （二）主持人自身的素养问题

主持人自身的综合素养决定了其最终会以一个怎样的形象呈现在观众面前。主持人的素养包括政治素养、文化素养、艺术素养以及丰富的人生阅历等。

导致演艺化倾向可能有这样的原因：忽视了电视传播中节目主持人的社会责任、道德责任、文化责任、引导责任和服务责任，以为贴近观众就是迎合观众，满足观众的一切需求。例如在某些情感类节目中，故意把道德上的争论放在人们面前，将价值观引导置之不顾，把贴近观众理解为迎合低俗、排斥高雅、抹平艺术，以怪异为思想解放的表征，以刺激为世人追求的目的——与肩负众多责任于一身的真正主持人越来越远了。

## 三、电视节目主持人应该怎样正确对待演艺化

白岩松在谈到自己对主持人的认识时说："主持人不是演员，所以主持人绝对不能在观众面前表演，因为这个时代已不是表演的时代，而是崇尚自然的时代，我最忌讳的就是主持人去表演，主持人就该本我。"主持人作为一名新闻工作者，是传播者，是把关人，是社会的良心。白岩松从从业者的经验谈及此，一语道破主持人演艺化问题的核心症结所在。

那么，在艺术生产环境中，电视节目主持人在主持实践中该如何正确对待演艺化问题呢？

### （一）在艺术生产环境下，始终坚持党性原则，勿忘责任

广播电视的性质和任务是"以科学的理论武装人，以正确的舆论引导人，以高尚的情操塑造人，以优秀的作品鼓舞人"。身为电视节目主持人，在任何情况下都不能为了其他目的而忽略了正确的舆论引导，否则为了所谓的收视率而"迎合""媚俗"，一味地追求商业利润和感官刺激，必将遭到观众的唾弃。

例如有一期《非诚勿扰》节目，女选手在台上说"我宁愿坐在宝马车上哭，也不愿意坐在自行车上笑"，这样的拜金主义价值观违背了社会主义核心价值观，是一种错误的舆论导向。主持人如果不能及时地纠正和引导，很可能误导广大观众，将金钱视为衡量爱情的最重要标准。这不利于弘扬正确的价值观，对国民素养的负面影响也是可想而知的。

湖南经视《钟山说事》，在 2013 年 6 月 16 日以"高考天问"为题，炮轰高考。钟山在这一期节目里，提了四个问题：考试真的这么重要吗？这样的高考真的公平吗？现在的大学是什么样子？毕业后就业前景光明吗？主持人举了很多例子来论证高考的弊病，例如考生迟到后母亲下跪，母亲遇车祸后女儿含泪参加高考等。很明显，这些例子都是个例，且有很大的煽动性。短短几天之内，这一段视频在新浪微博就被疯转 40 多万次，评论逼近 7 万条，可见其关注度之高。在这一期节目中，为了凸显自己所谓的"个性"，主持人不讲分寸，信口开河，哗众取宠。笔者认为在

任何节目中，说话不经思考、不注意舆论导向，都是演艺化的一种表现。

因此，主持人应该始终牢记：每个节目，都担负着提高广大听众和观众思想道德素质、科学文化素质、教育审美素质的社会责任。主持人作为节目价值导向的重要发言人，说话要负责任，始终坚持党性原则，增强政治修养，绝对不能为了博人眼球而言辞不当，有失分寸。

### （二）在符合节目基本需求前提下，可合理、恰当地吸收部分表演的营养运用于主持当中，但绝对不能演艺化

关于主持中的演艺化问题，有一种声音说："娱乐综艺本身的特性决定了主持人应该多一些'表演'，最好要有喜剧细胞，如果太生活化就难以激起观众的热情。"还有一种声音说："在娱乐节目中，主持人的主持可谓是一种表演，其形象、着装、语言、嗓音及形体动作……均在其主持过程中影响观众的情绪，亦影响他所传递信息的效果。"笔者认为，第一种声音是从节目功能的角度出发，娱乐节目本身就具有娱乐大众的功能，适当的表演成分有时可以令观众开怀大笑。第二种声音把主持人呈现给受众的一个整体形象、状态理解为主持中的表演式状态，这也无可厚非。但是，这绝不意味着我们认可主持人演艺化。

有人会问，观众看娱乐节目就是为了图一个乐呵，主持人偶尔表演个段子，使节目很轻松、活泼，很有意思，有什么不好吗？在这里，我们要作出一个清晰的界定：主持人在节目中主持时必须是真实的、真诚的，偶尔的表演是主持人为了调节、活跃节目气氛的小插曲，但自始至终主持人终究是主持人，而不是一个在台上表演的演员。面对受众的需求，面对艺术生产市场原则，主持人可以适当地吸收部分表演的营养运用于主持当中，但绝对不能是演员。

也许又有人说了："演员也能主持节目，有的主持得还很精彩。"例如 2014 年金鹰艺术节颁奖晚会上，无论是与何炅搭档主持开场的谢娜，还是后来换上的著名演员海清，都是学表演出身的。上海戏剧学院播音主持专业出身的董卿，她学习、吸收表演的成分，并将之运用到主持当中，她主持的节目深受广大观众的喜爱。这说明，表演当中的确有部分成分是可以运用到主持当中的，这也正说明了艺术之间的相通性。

即便是演员，只要站在台上主持，就是面向观众让一切变得井然有序的主持人，而不是在表演，表演一定是演员的事情。没错，我们应对表演持一个辩证的态度，把与播音主持相通的营养成分吸收过来，但广播电视主持人毕竟最终还是新闻工作者，而不是演员。因此，一方面我们应该反对主持人为了吸引观众眼球而"演艺化"，另一方面应该吸收优秀演员的镜头前状态松弛、语言轻松幽默、举止准确自然、烘托气氛到位等优点。

(三)在艺术市场中,与时俱进,平衡好社会效益和经济效益的关系

早在《1844 年经济学哲学手稿》中,马克思就提出了“艺术生产”问题:“私有财产的运动——生产和消费——是迄今为止全部生产运动的感性显现,就是说人的实现或人的现实。”艺术生产理论是马克思、恩格斯哲学体系的一个重要方面,对于中西马克思主义理论家来说,也是一份弥足珍贵的思想遗产。

2014 年 10 月 15 日上午在北京召开的文艺工作座谈会上,习近平发表了重要讲话。他强调,一部好的作品,应该是把社会效益放在首位,同时也应该是社会效益和经济效益相统一的作品。文艺不能当市场的奴隶,不要沾满了铜臭气。优秀的文艺作品,最好是既能在思想上、艺术上取得成功,又能在市场上受到欢迎。

2015 年 3 月 30 日晚,原湖南卫视台长欧阳常林,在中国传媒大学 1500 人报告厅做了一场以“快乐电视——梦想与选择”为题的精彩演讲。他提到,湖南卫视作为娱乐王牌卫视,它的生存之道是始终不忘“内容为王”的宗旨,搞好经济效益的同时不断创新,制作出更为精良的节目,以弘扬正确的社会主义价值观为己任。不论是《快乐大本营》的时尚价值观,还是《天天向上》的快乐学习观念,何炅和汪涵作为这两档节目的核心主持人都时刻把握分寸感、传递出正能量,处处体现着人文关怀。

在当今这个收视率、点击率决定成败的市场下,如何把握正确的方向是一个非常严峻而又现实的问题。正如习近平主席所说,我们应该首先把社会效益摆在首位,这是因为我们肩负着马克思主义新闻观的重大责任。我们应该不为经济利益折腰,与时俱进,做好当前环境下的舆论引导和监督工作。

## 小　结

主持人作为党的喉舌,必须坚持党性原则,正确地引导社会舆论,保证传播环境的健康美好。但是,艺术生产作为满足人民群众审美需要的精神生产,与物质生产有着本质的不同。因此,在市场语境下,电视节目主持人创作的“艺术商品”既要适应市场经济体制的需要走向市场,又要符合精神文明建设和文艺自身发展规律的要求超越市场。

电视节目主持人绝不能在艺术市场“唯收视率”的环境下迷失方向,为了迎合观众的需求走向演艺化,甚至打着贴近观众的旗号去搞演艺化。相反,我们应该真心实意地去贴近受众,同时认真体会到底如何规范自己的言行才能制作出中国老百姓喜闻乐见的节目。不能因为综艺节目话语规范性和严肃性较低,就采取忽视、随意的态度,而应该充分重视并且掌握话语权,真实可信的话在先、艺术娱乐在后,

让观众相信我们的同时又觉得极具幽默感，进行正确的舆论引导，这样才是真正优秀的主持人。

**参考文献**

[1]张颂：《播音主持艺术论》，中国传媒大学出版社 2009 年版。

[2]孙士聪：《影响与对话——西方马克思主义意识形态批评研究》，上海世纪出版社 2008 年版。

[3]彭莲萍：《综艺节目主持人：内地 VS 台湾》，《视听界》2005 年第 1 期。

[4]吴郁：《当代广播电视播音主持》，复旦大学出版社 2005 年版。

[5]屈独芳、刘丹凌：《主持人：节目的灵魂——从〈东方夜谭〉栏目看主持人之重要》，《中外文化交流》2004 年第 7 期。

[6]李敬一：《节目主持概论》，华中科技大学出版社 2004 年版。

[7]章志光：《社会心理学》，人民教育出版社 2008 年版。

[8]王宏建：《艺术概论》，文化艺术出版社 2010 年版。

[9]石磊：《新媒体概论》，中国传媒大学出版社 2009 年版。

[10]张昆：《马克思恩格斯的新闻专业理想》，《新闻记者》2007 年第 9 期。

（作者单位：中国传媒大学播音主持艺术学院）

# 利用语法规则在新闻播音中确定停顿位置

陈　凯

播音乃口耳之学，是广播电视传播中在话筒前、镜头前进行的有声语言和副语言创作。[①] 播音主持创作的过程当中需要运用内部技巧和外部技巧。内部技巧即情景再现、内在语、对象感；外部技巧即停连、重音、语气、节奏。内部技巧是指调动播讲者内心的思想感情并使其处于运动状态的方法，而外部技巧则是思想感情的具体表达方法。为了更好地进行播音主持创作，播音员主持人需要“内外兼修”。新闻播音是广播电视有声语言传播中的重要领域，也是播音主持领域研究的重要内容。新闻播音要求语言准确无误、简洁明快、朴素实在、鲜活生动。[②] 因此，在广播电视新闻“形之于声”的过程中，要充分利用外部技巧使内容表达得清晰准确。在外部技巧中，最能够表达稿件中心思想、分清稿件内容层次的方法就是停顿。

## 一、停顿与语法的关系

新闻播音的最终目的是让受众更好地理解和感受文字稿件所传达的内容，把信息更加准确、清晰地传递给受众。因此，播音员在新闻播报中的停连对于受众快速、准确地理解文字稿件内容有直接的影响。然而，不论是在播音主持学习的过程中，还是在新闻播音的实践当中，语句停顿位置的确定一直都是学习者和实践者的困惑之一。

停连，即停顿和连接。有停顿，有连接，才能更好地达意传神。在有声语言表达过程中，声音中断、休止的地方就是停顿。在新闻播音理论中，一般把停顿与连接联系起来论述。张颂教授将停连分为了十类：区分性、呼应性、并列性、分合性、

① 张颂：《播音创作基础》（第三版），中国传媒大学出版社 2011 年版，第 3 页。

② 仲梓源：《播音主持艺术入门训练手册》，中国传媒大学出版社 2009 年版，第 235—236 页。

强调性停连、判断性、转换性、生理性、回味性、灵活性停连。① 那么，这些停连该如何来确定？吴郁教授提供了确定停连的步骤：(1)准确理解语句意思；(2)正确分析语句结构；(3)恰当体会情景神态；(4)合理处置标点符号。② 以上处理方法暗示了语法在语句中所起的重要作用。尽管习得了停顿和连接方法，但是在新闻播音的实际运用中，仍然会有"内容播得散""语句不抱团"的现象出现。实际上这都是没有把握好停顿和连接的位置而造成的。笔者通过学习实践认为，在播音过程中，可以以现代汉语的语法规则为依据来确定语句停顿的位置。

新闻稿件在写作时使用标题、段落等形式上的手段和句号、分号、逗号、顿号等标点符号作为停顿标记，区分语句之间的层次。而在新闻播音的过程中，播音员主持人只能通过停顿来使内容清晰、层次明确，因此有人称停顿是有声语言的标点符号。为了能让语句通顺、语义清晰准确，常常需要根据语句的意思来确定停顿的位置，这也就是在确定停顿时，需要做到"准确理解语句意思""正确分析语句结构"的原因。由此可见，播音和语法的关系是很密切的。

不论是写作还是日常说话，都要用到语法，播音也不例外。对播音员的要求，不仅要将稿件准确清晰地播读出来，而且还要把各个语句之间的层次清楚地表达出来。吕叔湘先生说："善于运用语言的人，叙事能让人仿佛目睹，说理能让人心悦诚服，片言只语可以久而不忘，长篇大论也可以听之不倦。"播音员作为语言工作者，必须加强语言方面的修养，这样才能驾驭语言，游刃有余。③

## 二、依据语法规则确定停顿的意义

语言包括有声语言、书面语言、副语言等，然而这些分支并不是相互独立的。综合运用有声语言、书面语言、副语言可以更准确地表情达意。掌握好现代汉语语法规则，有助于避免有声语言在表达过程中出现偏差。

播音语言中的停顿存在于段落、语句和词语之间。在新闻播音的表达过程中停顿有长有短，停顿的位置不同所体现的意思也各不相同。有的停顿为了区分层次，有的停顿则为了理清意思，还有的停顿为了表达不同的感情。为什么要依据语法规则来确定停顿？

一方面，停顿是播音员的生理需要。在广播电视语言传播过程中，句子有长有短，内容有多有少，如果只根据书面语的标点符号来确定停顿位置，有时就需要用一口气说完很长的一个句子，这时不仅容易出现气息不足的情况，而且还会出现新

---

① 参见张颂：《播音创作基础》，中国传媒大学出版社 2004 年版，第 92—103 页。
② 参见吴郁主编：《播音学简明教程》，北京广播学院出版社 1998 年版，第 153—156 页。
③ 艾红：《播音表达中的语法规则和语言技巧》，《青海师专学报》2008 年第 3 期。

闻内容表达不清等情况。因此除了根据标点符号之外，还要根据语法规则来确定停顿位置。

例如“胡锦涛代表第十七届中央委员会向大会作了题为《坚定不移沿着中国特色社会主义道路前进，为全面建成小康社会而奋斗》的报告。”这一句话如果依据标点符号来确定停顿位置，仅有一处停顿。照此播音的话，播音员必然会感到气息不足，语句重点也无法突出。为了保证充足的气息和语意明确，我们必须在语句中找到合适的换气口。因此，停顿是播音员的生理需要。

另一方面，停顿是播音员传情达意的需要。在广播电视语言传播的过程中，尤其是广播电视新闻播音的过程中，适当的停顿可以更清晰、更充分地表达文稿内容。根据语法规则划分语言结构，可以帮助播音员更好地理解稿件内容，从而表达得更加准确。[①] 例如：

> 加快发展/社会主义市场经济、民主政治、先进文化、和谐社会、生态文明，让一切/劳动、知识、技术、管理、资本的活力/竞相迸发，让一切/创造社会财富的源泉/充分涌流，让发展成果/更多更公平/惠及全体人民。[②]

停顿既能够帮助播音员在较长的语句中、较长篇幅的文章中处理好气息与表达的关系，还能够帮助播音员正确理解语句内容和区别词义。合适的语音停顿既有助于播音语言表达，又方便受众获取丰富的信息。

## 三、如何利用语法规则找准停顿位置

### （一）仔细备稿，分析语句结构

分析语句结构是为了能够准确划分句子的成分。现代汉语中常见的句子成分有：主语、谓语、宾语、定语、状语、补语，其中主干成分是主语、谓语，有时包括宾语，其他是附加成分。

根据现代汉语的语法规则划分句子结构，大致可分成主谓句和非主谓句，较为常见的是主谓结构的句子。主谓句，即由主语和谓语组成的句子。经常做主语的是名词性词语，包括名词、代词、数词、重叠的量词等实词，以及定中短语、同位短语、的字短语等名词性短语。经常做谓语的是谓词性词语，包括动词、形容词，以及动宾短语、连谓短语、状中短语、中补短语等谓词性短语。

---

① 施旗、曼叶平：《播音表达和语法规则》，中国广播电视出版社 1997 年版，第 56—57 页。

② 引自《中国共产党第十八届中央委员会第三次全体会议公报》。

除了分清楚主语、谓语之间的关系外，还需要了解谓语、宾语之间的关系。有时候，宾语还有附加语，附加语可能是一项，也可能是多项。一般定语、状语、补语都是附加语。

谓语和宾语常常是结合在一起的。做谓语的是动词性词语，包括动词、动词性的联合短语、中补短语。

定语的构成范围很广，几乎除副词、量词以外的所有实词，都可以做定语。定语分为描写性定语和限制性定语。

经常做状语的是副词、形容词、时间名词、助动词以及介词短语、方位短语、量词短语（动量）等。

能够做补语的是形容词、动词、副词（很、极）、数量短语（动量）、联合短语（谓词性的）、状中短语、介词短语、动宾短语、主谓短语等。

（二）理清句子成分关系，确定停顿关系

主谓句比较常见。较简单的主谓句，字数少，篇幅短，结构简单，一般一口气可读完。较长的主谓句，结构会相对复杂。一般来说，较长的主谓句主语和谓语在结构上不是很紧密，所以它们之间可以有短暂的停顿。

从语句结构上分析，谓语和宾语的关系比主语和宾语的关系要紧密一些。关系紧密的，播读时就要紧凑一些，不停顿。即便句子的成分再复杂，谓语和宾语之间也不宜有较明显的停顿。当然也有三种例外的情况：(1)主谓词组作为宾语的时候。如："会议提出，广大新闻工作者要始终坚持新闻党性原则。"(2)长句子无标点，常在谓语后停顿。如："国家主席习近平将会见欧洲理事会主席范龙佩和欧盟委员会主席巴罗佐。"一般这种谓语之后的停顿，要声断意不断，类似于"藕断丝连"之感。声音停而气不断，借此调节气息。(3)由"说""表示""重申""申明"等带有提示作用的动词作谓语时，宾语较长，在谓语之后停顿。如："刘云山在讲话中说，整改落实贵在实，难在实，要围绕落实中央八项规定精神，抓住作风方面的突出问题进行整改。"该句中，宾语比较长，在谓语之后停顿。对于宾语较长的句子，应尽量保持句子内部的完整性，不可随意拆分，否则意思容易混淆不清。

（三）句子较长的短语，依据它们之间的关系确定停顿

并列词或并列词组中间，一般要有小停顿，以表示并列关系。定语、状语、补语都是附加语。中心语和附加语往往比较紧密，书面语上它们不用标点断开。中心词和附加语之间有"的、地、得"需要适当加入小的顿挫。如果一个中心语带有几个修饰定语，这种多项附加的情况，在多项的定语或者状语之间，可以有小的停顿，但要做到停而不断。如："他知道了张明的/这一段辛酸往事/难受得/几顿吃不好

饭。”如果中心语前面是几个词语，但不是多项附加语，而是联合在一起，作为整体修饰前面的中心语，中间要停顿，但时间不能太长。

(四)注意语法规则中的不同等级，控制顿歇时间

尽管播音员不能完全根据标点符号找停顿位置，但标点符号仍然是确定停顿的重要依据。停顿时间从长到短的符号依次为：句号、问号、感叹号、分号、逗号、顿号。

新闻播音中的停顿不仅需要依据标点符号，还需要考虑语法规则下句子成分之间的差别，从而确定新闻播音中的停顿位置。依据语法结构确定的停顿，多数表现为较小的顿挫，顿挫的时间相当于顿号所表示的停顿，甚至更短。

## 总　结

新闻播音是广播电视语言传播过程中的重要部分，不同媒体对于新闻播音的风格和方式都有不同要求。但是，不论是受众还是媒体管理者都要求新闻语言表达要清晰流畅、准确到位。确定新闻播音中的停顿位置，不仅要依据文稿中的标点符号、播音员自身的理解把握，还需要通过语法规则的引导找准停顿位置。由此可见，语法停顿不只是简单的句读停顿，或者语句成分之间的顿歇，它还是揭示语言间内部结构关系的停顿。

利用语法规则来确定停顿的位置，这仅是为播音员提供了一种快速找准停顿位置的方法，但并不是绝对的。因为大部分的停顿还是建立在播音员对稿件的理解的基础上，对稿件理解不同就会在不同的位置进行停顿，而且停顿的时间也有所不同。掌握现代汉语语法规则，是语言学习过程中必要的一步，根据对文字稿件的理解进行二度播音创作，才能更好地传达稿件的内涵。若固化、生硬地用语法规则确定停顿，那么播报样态则会显得呆板、模式化，缺乏灵动性。

因此，播音员说一口标准、流利的普通话是远远不够的，还要有深厚的学识、扎实的语言功底和语法基础。做好备稿，深刻准确地理解稿件，在此基础之上再利用语法规则确定停顿位置，这样才能够准确鲜明地表达新闻内容及其精神实质，才能使广大受众更加深刻地体味新闻的内涵。

（作者单位：中国传媒大学播音主持艺术学院）

【人才培养】

# 论我国娱乐节目主持之“四化”趋向

马　谛

总体上看，我国大众传媒无论是在传播途径、传播方式上，还是在节目内容的广度与深度上，都正朝着多元化的方向发展。在原有广播电视传统媒体的基础上，借助新媒体技术优势，在互联网等传播平台上也实现了节目的传输，不仅丰富了节目的传播渠道，方便了受众的收听、收看，而且使节目的生产制作手段更加多样化，推动了我国大众传媒事业的蓬勃发展。近20年来，我国娱乐节目迅猛发展，节目内容丰富多彩，节目形式异彩纷呈。从世界娱乐节目的发展看，我国除了具有居于领先地位的综艺晚会外，其他如娱乐资讯节目、娱乐谈话节目(含“脱口秀”节目)、益智博采节目、游戏节目、赛季节目、“真人秀”节目等，多是吸收、借鉴国外娱乐节目经验进行“本土化”改造的。比如，成功引进并适时推出的《幸运52》《开心辞典》《城市之间》《快乐大本营》《超级女声》《中国好声音》《最美和声》等不同类型的娱乐节目，不仅深受广大受众的喜爱，而且从创作水准上大大缩短了我国与国外娱乐节目之间的差距，呈现出一个全方位、多侧面、立体化的良好发展态势。与此同时，娱乐节目主持人队伍的发展也出现了百花齐放甚至千奇百怪的繁华景象。像朱军、董卿、何炅、汪涵、李静、方琼及由演艺人员转行主持娱乐节目的周立波、郭德纲、杨坤等，都鲜明地表现出不同类型、不同风格、不同特点的多元化主持趋向。

面对当下传媒领域各显神通、各领风骚的“主持人时代”，我们既要有开放的思想、包容的气度、睿智的头脑，也要有不畏浮云遮望眼的深邃眼光。在娱乐节目主持未来趋势的探讨中，笔者认为，我们必须坚持走符合中国国情和中华民族审美心理的娱乐节目主持之路，坚持娱乐节目主持的“四化”方向，即主持定位类型化、主持语言趣味化、主持形象民族化和主持风格多元化的方向。只有这样，我们才能开创出一条具有中国特色的娱乐节目主持发展之路。

## 一、主持定位类型化

何谓类型化？简言之，类型化就是使混沌复杂的事物转变成类型状态。就其状态而言，是一个使事物趋于有序并规范的过程。第一，类型化强调事物应按照类型要求规范化发展；第二，类型化是使事物形成类型的过程。节目主持定位类型化，就是使节目主持工作符合节目类型的规定性要求，成为与节目类型相匹配、相契合的状态的过程。

之所以提出主持定位类型化的问题，主要基于以下两点思考：第一，社会化要求。社会是以一定的物质生产活动为基础而相互联系的人类生活共同体。个人的社会化，“既是个人不断地适应社会的过程，也是社会不断地模塑个人的过程。个人既是主体，又是客体，社会化既是个人的自我转化，也是社会转化个人，是个人与社会两种力量相互作用的结果。”[①]其中，“自我转化”的动力来源主要是主观因素的作用，即个人心中有一种“我要……”或“我想要……”的愿望。通常，娱乐节目主持人心中都会产生“我要成为一个××样的娱乐节目主持人”的想法。这想法中“××样的”的含义，其实就是“某种类型的”意思。主持定位类型化既可以最大限度地满足个人的愿望，帮助其强化“自我转化”的意识，也能充分调动他的主观能动性，激发其创作愿望，尽早实现他的专业理想。第二，专业化要求。现代社会分工的精细化、职业的专业化，必然会带来人才需求的专业化。大众传媒行业是一个高度职业化的行业，其行业分工十分清晰、明确。随着我国传媒事业的发展，不同类型的节目日渐增多，主持人的专业分工越来越细，专业水准也日趋提高。从娱乐节目主持类型看，有主持娱乐资讯、“脱口秀”的，也有主持综艺晚会、赛季节目的，还有主持游戏节目、“真人秀”节目的，等等。可以说，主持不同类型的节目都有不同的专业要求。节目主持定位类型化既有利于节目主持人准确、深入地把握所主持节目的规律与特征，有效提升主持人的专业技能和业务水平，也有利于提升节目的专业水准和传播效果。

考察当下我国较为成功的娱乐节目主持人的成长经历，我们不难发现：除了极少数机缘巧合的“幸运儿”在刚刚开始他们的主持旅程时，就碰巧遇到了适合自己个性特征的节目，使自身尚不清晰的“主持优势”得以展示，从而一举成名外，多数节目主持人在刚刚走上主持人岗位时，是缺乏明确的主持定位类型化意识的，他们几乎都是在走了很多弯路，经历了相当长的探索之后才找到自己最佳的主持定位，最终如愿以偿地主持了符合自身个性发展的娱乐节目。当然，其中也不乏一些主

---

① 李建光：《社会学基础》，人民卫生出版社 2003 年版，第 20 页。

持人自始至终都没有找到适合主持的节目。这种现象的存在，既是对主持人行业人才资源的浪费，也是主持人人才培养低效的一种表现。实现主持定位类型化应该成为改变这种现状的一条有效途径。

## 二、主持语言趣味化

"趣味"是一种使人愉快、有意思、有吸引力的特性。[①] "化"加在名词或形容词之后构成动词，表示转变成某种性质或状态。趣味化就是转变为令人愉快、有意思、有吸引力的性质或状态。中国著名启蒙思想家梁启超认为，"美"能够给人以审美趣味，而"趣味"乃生活的原动力。他在《趣味教育与教育趣味》一书中阐释道："趣味是活动的源泉，趣味干竭，活动便跟着停止。好像机器房里没有燃料，发不出蒸汽来，任凭你多大的机器，总要停摆。停摆过后，机器还要生锈，产生许多有毒害的物质哩！人类若到把趣味丧失掉的时候，老实说，便是生活得不耐烦。那人虽然勉强留在世间，也不过是具行尸走肉。倘若全社会如此，那社会便是痨病的社会，早已被医生宣告死刑。"[②]可见，趣味在人类生活中的重要性。倘若一个有趣味的人对生活总是充满信心和向往，他便能使生活富有生命和活力。那么，一个有趣味的节目主持人，他不仅能向受众传递鲜活生动的生命感悟，还能坚定受众的生活信念和情感意志，激发受众对生命与理想的渴望。同时，梁启超认为，趣味有高等趣味与下等趣味之分。所谓高等趣味，就是审美趣味。艺术的本质和作用，就在于以审美趣味来恢复人的审美本能，以维持和增进人的生活健康。"倘或是要瞒人的，或是拿别人的苦痛换自己的快乐，或是快乐和烦恼相间相续的，这等统名为下等趣味。"[③]在大众传媒活动中，作为以有声语言为主要传播载体，力图让受众放松心情、愉悦身心的娱乐节目主持人，其所具有的高等趣味的主持语言不仅能够唤醒受众的审美本能，引导受众的审美情趣，同时，也能使受众得到文明、健康、有益的审美享受。这是值得学习和倡导的高等趣味的语言。反之，为博得受众一笑，不惜以他人的痛苦和烦恼作为笑柄，施以讥讽、挖苦，甚至故意嘲弄的话语，就属于下等趣味的主持语言。这类语言在娱乐节目主持中，不仅不应该被仿效和倡行，而且必须加以杜绝。

笔者认为，处于改革开放历史时期的我国大众传媒事业，娱乐节目主持人在语

---

① 《现代汉语词典》(第 6 版)，商务印书馆 2012 年版，第 1075 页。

② 《饮冰室文集》卷三十八《趣味教育与教育趣味》，转引自叶朗：《中国美学史大纲》，上海人民出版社 1985 年版，第 579 页。

③ 《饮冰室文集》卷三十八《趣味教育与教育趣味》，转引自叶朗：《中国美学史大纲》，上海人民出版社 1985 年版，第 580 页。

言趣味化方面尚处于一个探索、启蒙阶段。如何才能结合中华民族含蓄内敛的民族性格以及委婉文雅的语言传统，在实现娱乐节目主持语言趣味化的合理构建方面有所突破、有所创新，是值得业界、学界广大同人共同研究的一个重要课题。

## 三、主持形象民族化

“民族”泛指历史上形成的、处于不同社会发展阶段的各种人们共同体。[①] 关于“民族”的定义，斯大林曾有过这样的阐述：“人们在历史上形成的一个有共同语言、共同地域、共同经济生活以及表现于共同文化上的共同心理素质的稳定的共同体。”[②]尽管民族是一个历史范畴，有其发生、发展和消亡的过程。但是在当今世界经济全球化的背景下，坚持文化的民族性，提炼各民族文化的精髓，对推进以各民族优秀文化组成的世界各民族共同体具有十分重要的意义。诚如缪家福在《全球化与民族文化多样性》一书中所阐释的：“坚持文化民族性的重要内容之一就是坚持建设中华民族精神。实践经验表明，中国社会的现代化，就其精神实质而言，是人的现代化。换言之，是民族素质的现代化。而民族素质的现代化，离不开文化的现代化。社会现代化、文化现代化、民族素质现代化与人的现代化，它们之间有着一个共同的价值指向和标志，这就是民族精神的建设，民族精神的现代化。”[③]民族精神是一个民族的脊梁。正是得益于民族精神的薪火相传，我们中华民族才能在数千年的历史发展中不断奋进，逐渐壮大成为一支独立于世界民族之林的重要力量。如今，在实现中华民族伟大复兴的历史进程中，我国传媒人义不容辞地要为振奋民族精神、传播中华文明作出应有的贡献。

所谓“民族化”，是指运用本民族独特的艺术形式、艺术手法来反映现实生活，使文艺作品具有民族气派和民族风格的实践过程。民族化是一个民族文学艺术成熟的标志之一。[④] 主持形象民族化旨在使大众媒体的节目主持人的形象建构具有民族气派和民族风格。从艺术创作角度讲，民族气派就是民族的创作态度和创作作风，民族风格就是民族的艺术特色和创作个性。民族化的核心内涵就是坚持民族精神。综观我国进入 21 世纪以来的娱乐节目主持现状，不难发现，“主持西化”、民族精神缺失的现象极为普遍。首先，在对国外娱乐节目的引进和借鉴中，尚未从中华民族的心理诉求、审美诉求等方面进行系统化的“本土化”改造，而是一味追求节目的轰动效应；其次，主持人的形象建构意识不强，在一味模仿西方审美情趣的

① 《辞海》，上海辞书出版社 1979 年版，第 1804 页。
② 《斯大林全集》（第 2 卷），人民出版社 1953 年版，第 294 页。
③ 缪家福：《全球化与民族文化多样性》，人民出版社 2005 年版，第 223 页。
④ 《辞海》，上海辞书出版社 1979 年版，第 1804 页。

同时丢失了中华民族的审美品格，无论是在主持定位、主持心理上，还是在语言表达、服装服饰等方面，都缺乏鲜明的中华民族的气派与风格。面对这样的状况，我们不能不认为，倡导娱乐节目主持形象民族化的理论与实践建构问题是一个应该引起主持业界和学界高度重视的问题。

## 四、主持风格多元化

“风格”是指人的作风、品格。从艺术创作角度看，风格是指作家、艺术家在创作中表现出来的艺术特色和创作个性。[①] 由于作家、艺术家的生活经历、立场观点、艺术素养以及个性特征等方面的差异，他们在处理题材、驾驭体裁、描绘形象以及语言运用等方面，必然会展现出不同的特色，从而形成作品的风格。可以说，风格体现在构成文艺作品内容和形式的各个要素中。从风格的形成看，个人的风格是在时代、民族、阶级的风格前提下形成的，而时代、民族、阶级的风格又是通过个人风格表现出来的。主持活动作为一种艺术创作活动，主持风格就是主持人在这一创作活动中表现出来的艺术特色和创作个性。那么，影响主持风格形成的主要原因有哪些呢？

第一，节目的类型和播出对象影响主持风格的形成。首先，不同类型的节目对主持人的主持要求不同，而这种不同的要求必然会给主持风格的形成打上不同的底色，定下不同的基调。如新闻类节目要求主持人必须用客观公允的态度向受众传播真实的新闻事实。而娱乐类节目则要求主持人的语言必须富有感染力，同时还要善于营造欢乐的气氛，使受众获得身心放松、休闲愉悦的审美享受。可见，不同类型节目的主持风格具有明显的差异。其次，节目的播出对象不同，对主持人的主持要求也不同，这就对主持风格的形成产生了重要的影响。如同样是主持娱乐节目，播出对象不同（或是少年儿童，或是成年人，或是老年人，或是艺术爱好者，等等）必然会使主持人的主持风格有所不同。

第二，主持人的个性影响主持风格的形成。主持人的个性主要包括主持人的需要、动机、兴趣、理想、信念、世界观以及气质、能力和性格等方面，它是一个统一的整体。每一个人都有区别于他人的个性，并且其个性具有整体性、稳定性、可塑性、独特性、社会性和生物性等特征。主持人也不例外。就主持人而言，个性彰显与否，直接影响其主持风格鲜明与否。综观国内外成功的节目主持人，无不具有鲜明的个性特点。

第三，主持人所处的时代、民族及其阶级立场影响主持风格的形成。每一个时

---

① 《辞海》，上海辞书出版社 1979 年版，第 1528 页。

代、民族、阶级都有属于自身的风格，主持人作为时代发展潮流中的一分子，其风格的形成将直接受到所处时代、民族、阶级的影响，即受到当下的时代风尚、政治氛围、人文精神、文化进步等社会因素的影响。同样类型的节目在不同国家、不同民族、不同阶级中，都会形成不同的主持风格。如同样是新闻节目，美国新闻播音员的风格和中国新闻播音员的风格就不相同。同样类型的节目在同一国家的不同时代也会形成不同的风格。如中央电视台的《新闻联播》节目自 20 世纪 70 年代中期以来，跨越了不同的历史时期，其节目风格都适时反映出了不同时期的时代特色和精神风貌。

“多元化”是与“单一化”相对而言的概念，是事物由单一向多样发展，由统一向分散变化的过程。“主持风格多元化”即主持风格由单一向多样发展、由统一向分散变化的过程。在现实生活中，广大受众不仅需要收听、收看新闻节目、生活服务节目，还需要收听、收看一些愉悦身心的娱乐节目。随着物质生活水平的提高，人民大众的精神需求也在不断丰富，对大众传媒的心理需求也在不断增多。早年那种单一、单调的娱乐节目风格已经满足不了受众日益增长的多样化的审美心理需求。于是，娱乐节目以及娱乐节目主持风格多元化的任务就日益紧迫地摆到了我们传媒工作者的面前。然而，要实现娱乐节目风格的多元化，首先要实现娱乐节目主持风格的多元化。因为作为节目风格多元化的前提条件与核心要素，主持风格的多元化往往是决定节目风格多元化的关键——节目风格在很大程度上是通过主持风格来实现的。从这个意义上讲，只有实现娱乐节目主持风格的多元化，才能有利于实现节目风格的多元化，进而实现以多元化的娱乐节目来满足受众求新求奇的心理需求及其与生俱来的喜爱游戏的天性。

当然，在主持风格多元化的过程中，主持人不能为了刻意彰显自己的个性风格而将传媒工作者肩负的社会责任置于脑后，使娱乐节目走向庸俗、媚俗甚至低俗，误导受众的审美取向，影响娱乐节目本应倡导的健康、科学的娱乐方式和高雅、文明的审美情趣。

（作者单位：中国传媒大学播音主持艺术学院）

# 没有"主持"的播音主持教学

## ——旁观者看中国传媒大学播音主持艺术学院的主持人培养之道

孙祖平

在当前全国数百所高校开设的"播音与主持艺术"专业中,中国传媒大学播音主持艺术学院的"播音与主持艺术"专业无疑是师资力量最为雄厚、思想最为活跃、教学水准最为突出稳定的。单就该院教师所出版的相关专著和教材而言,其总量就超过其他同类院系教师所出版专著和教材的总和,堪称播音主持教学界的"航空母舰"。

中国传媒大学播音主持艺术学院的前身是创办于 1963 年的北京广播学院播音系,当时播音系的播音专业是全国唯一一个专门培养播音员的本科专业。1998 年教育部颁布《普通高等学校专业目录》,"播音"专业变身为"播音与主持艺术"专业。众多高等院校竞相开办的"播音与主持艺术"专业,实际上都是一个弃"播音",唯"主持"的"主持"专业,都认为自己培养的是主持人,而不是播音员,甚至把"播音"置于办学目标的对立面,以示"主持"和"播音"的区别。在 20 世纪 80 年代初的一次全国播音会议上,一位主管领导发言说:"大家不要担心,播音员至少还有十年的寿命!"[①]这似乎是对"播音"专业预言性的盖棺认定了。大有"主持"一头独大,独步"播音与主持艺术"专业之势。

大势所趋,这对原本以"播音"作为教育之本的中国传媒大学播音主持艺术学院的办学,无疑是一种冲击、挤压,更是一种威胁、否定。

作为曾经的同行,十余年来,笔者始终关注着这个"播音与主持艺术"专业"龙头老大"的动静,隔山望景,雾里看花,虽不那么真切,但听其言,观其行,也能从中看出个自以为是的大概来。

"主持"专业的办学逻辑是这样的:

---

① 转引自张颂:《播音主持专业发展路径的思考》,《播音主持艺术》(第 10 辑),中国传媒大学出版社 2010 年版,第 2 页。

存在着一种能掌控驾驭各种类型节目的“主持能力”，“主持”专业教育能通过一整套“主持”基础理论和“主持”应用技巧的训练，培养学生拥有这种能掌控驾驭各种类型节目的“主持能力”。换一种说法，即“主持”专业能培养各种各样的节目主持人，或是培养一种能主持各种各样节目的主持人。

在这样一个以“主持”一统电视节目主持人专业教育的格局中，中国传媒大学播音主持艺术学院的“播音与主持艺术”专业是唯一一个不奉“主持”为办学圭臬的专业。笔者粗疏地梳理出该院特立独行于全国数百所高校所开设同类专业的若干不同之处：

## 一、最早反思“主持”专业教育，提出没有裸态“主持”的一专多能型教学思路

尽管有业内人士从主持专业开办之初就质疑“主持”专业能否培养出电视节目主持人，但是学界的执教者大都置若罔闻，或陶醉于“主持”专业的首创，或沉湎于“主持”理论的建树，或忙碌于“主持”教学的运行……然而还是有人察觉到了“主持”专业教育存在的问题，并着手解决这些问题，提出了一系列改革的思路和措施。2001年，该院教师赵俐在《播音主持艺术》(第3辑)上发表《节目主持人的一线需求与主持人的培养》，文章归纳了现有主持人的三个主要来源：(1)来自记者、编导、策划人员；(2)来自相关行业队伍中的专业人士；(3)来自播音主持专业。从一线需求来看，存在着专业素质与语言素质不能两全的矛盾，从记者和行业队伍中来的主持人大多语言表达过不了关，从播音主持专业毕业的学生因阅历浅、对社会及节目的认识深度不够而勉为其难。这里，作者捕捉到了一个重要的问题：播音主持专业出身的主持人缺乏节目内容所涉及的专业知识与经验。作者的发现来自学生报考“播音与主持艺术”专业的动机和追求：

> 在他们当中，除了语言专业之外，其实很多节目涉及的专业已经在他们心中扎下了根。譬如：“我要当体育节目评论员”，“我想做文艺节目主持人”，“娱乐节目主持人更适合我”，“生活服务类节目主持人是我的理想”，还有一门心思对新闻节目执迷不悟的。①

若要满足这些学生的需求，就必须开设相关节目所涉及的专业，而这正是现行“播音与主持艺术”专业的空白，对此，作者提出了“依据兴趣与特长加强培养计划

---

① 赵俐：《节目主持人的一线需求与主持人的培养》，《播音主持艺术》(第3辑)，北京广播学院出版社2001年版，第338页。

的方向性"的建议和设想，将整个培养过程分为两个阶段：

第一阶段为大学公共课、专业基础课的教学，第二阶段教学双方在具备了一定基础之后可以共同选择学生的主攻方向，是新闻播音员，还是更适合哪类节目主持。方向确立之后，教学双方可以共同商讨可选的课程、可观摩的节目以及应该阅读的相关书籍，以补充节目对应学科的修养和积累，也就是主持某类节目背后所需要的专业背景，如社会学、经济学、体育或音乐学。这才是"一专多能型"人才之"专"所在，只要是学生感兴趣的，又是适合他的，自然就有发展的可能。[①]

在这样的构想中，社会学、经济学、体育或音乐成为"一专多能型"的"专"，而不是所谓"主持"理论和技巧的"专"了。

这恐怕是"播音与主持艺术"专业的执教者对"主持"专业教育最早的反思和改革设想了。十多年后的今天，这样的想法没有过时，仍有着极强的针对性意义。

## 二、实施没有裸态"主持"的播音主持教学法

与其他大学同类专业动辄"主持意识""主持思维""主持状态""主持功力""主持语言"的"主持"教学法迥异的是，中国传媒大学播音主持艺术学院实施的是"播音"或"播音主持"教学法。2004 年，该院举办首届全国高校播音与主持艺术专业教师高级讲习班，组织了由该院博导、硕导、学科带头人和教研室主任、副主任为主讲人的授课团队，在 16 天的时间里，系统地向来自全国近 30 所高校的 50 余位同行介绍了中国播音学的教学理论和方法。

请注意，介绍和讲授的是"中国播音学的教学理论和方法"，授课内容被汇编为《播音主持教学法十二讲》：[②]

第一讲：中国播音学发展论；

第二讲：广播电视语言传播专业教育与人才培养；

第三讲：播音与主持艺术专业教学指导原则与教学方法；

第四讲：播音与主持艺术专业普通话语言教学法；

第五讲：播音主持发声学与教学法；

第六讲：广播电视即兴口语表达课教学法探究；

第七讲：播音与主持艺术专业语言表达教学法；

第八讲：广播播音与主持教学法(一)(二)；

第九讲：电视播音与主持教学法；

---

① 赵俐：《节目主持人的一线需求与主持人的培养》，《播音主持艺术》(第 3 辑)，北京广播学院出版社 2001 年版，第 339 页。

② 参见付程主编：《播音主持教学法十二讲》，中国传媒大学出版社 2005 年版。

第十讲：文艺作品演播课教学法；

第十一讲：电视体育解说教学法研究；

第十二讲：播音主持艺术学院的学生管理及思想政治工作。

讲课内容遵循的是“播音”教学理论和方法，所用的关键词是“播音”“播音与主持”或者“播音主持”，而不是“主持”。在十二讲中，唯有吴郁教授的“电视播音与主持教学法”涉及节目主持，其内容分为三大块：

一为节目主持艺术概论——主持人节目概论和主持人概论；二为主持人的能力要素——主持人的口语能力训练；三为不同类型的节目主持功能和艺术，具体到与一线接轨的不同类型节目和不同节目形态。节目类型是从节目内容的归属、功能角度划分的，就是通常我们说的新闻评论类、社教类、体育类、综艺类、娱乐类、益智类等。① 其中，有关节目主持能力教学的内容为：

(1)新闻评论类节目主持艺术(主播业务职责，记者型主持人能力)；

(2)社教类节目主持艺术；

(3)综艺、娱乐、益智类节目主持艺术；

(4)体育类节目主持艺术；

(5)常用节目形态的主持能力——现场报道、专访、谈话。②

新闻、社教、体育、综艺、娱乐、益智……这些分门别类的节目主持能力教学正是那些“主持概论”“主持艺术”“主持节目”之类的“主持”专著和教材所缺失的。缺失的原因是这些专著和教材仅以主持人为研究对象，觉察不到节目类型对主持人培养至关重要的意义，或是有意无意地回避着这一问题。

《播音主持教学法十二讲》也是中国传媒大学播音主持艺术学院对该院40年教学经验的一份总结，其本质是播音学的教学理论和方法研究，而不是什么“主持”或“主持学”的教学理论和方法研究。

## 三、突破“主持”一统的办学理念，培养特定类型的主持人

与其他数百所高校“播音与主持艺术”以能主持各类电视节目主持人为培养目标的“主持”教育不一样，该院关于“播音与主持艺术”的专业介绍中，独一份地出现了新的招生对象、新的培养目标、新的教学课程：

> 本专业为广播影视媒体及相关部门培养从事普通话新闻播音、专题播音、节目主持工作、体育评论解说及播音教学与研究工作的专门人才。

①② 吴郁：《电视播音与主持教学法》，《播音主持教学法十二讲》，中国传媒大学出版社2005年版，第193页。

> 为适应 2008 年我国举办奥运会的需要，本专业二年级后分出体育评论解说方向 20 名，并开设体育播音与主持、体育评论与解说等方面的课程。具有体育特长的考生报名和考试时，请携带国家二级以上运动员证书或市级以上体育比赛的成绩证书及复印件。①

除了传统的播音，还开设了新的专业方向——体育评论解说；确立了新的培养目标——体育节目的播音员和主持人；开设了新的教学课程——体育播音与主持、体育评论与解说等课程；出现了新的招生对象——"体育运动员"。请注意，这是该院 2004 年的专业介绍。2012 年，我们在该院的"播音与主持艺术"招生信息中看到了更多增加的改革信息的专业介绍：

> 本专业面向广播影视媒体及相关机构，培养具备中国播音学、新闻传播学、中国语言学、哲学、美学、艺术学等多学科知识与能力，从事广播电视普通话新闻播音主持及新闻报道、专题播音主持、文艺节目主持、体育评论解说、影视配音及演播，以及播音主持教学与研究工作的复合型语言传播精英人才。
>
> 本专业除了开设人文类、传播类基础教育外，还开设播音主持艺术导论、普通话语音与播音发声、播音创作基础、广播电视播音主持业务等专业教育课、模块方向课和选修课，通过扎实的专业教学和富于特色的方向指导，培养素质全面和一专多能的广播电视播音主持人才，其中，新闻节目播音主持和综艺娱乐节目主持是人才培养的重点方向。②

这份专业介绍对该专业的培养目标作了进一步的梳理和定位：

(1)没有裸态"主持"的表述，连"节目主持"的字样也失去了踪影，对培养目标等一概加以节目类型的认定；

(2)扩大了特定类型培养目标的品种数量，如文艺节目主持、影视配音及演播等；

(3)设置了新的模块方向课程——有关体育、综艺、娱乐等节目的内涵教学，予以富于特色的方向指导；

(4)培养素质全面和一专多能的广播电视播音主持人才，把新闻播音主持和综艺娱乐主持作为人才培养的重点方向。

这样的专业设计，完全突破和抛弃了以"主持"一统节目主持人培养的教学理

---

① 中国传媒大学 2004 年招生简章。

② 中国传媒大学 2012 年招生简章。

念和模式。

## 四、举办“体育评论解说通道班”，开设新的专业课程，实施系统专业化培养

该院在2003—2005年期间，连续举办三期“体育评论解说通道班”，培养电视体育解说员，而不是一般意义上的节目主持人。

我们最终将电视体育解说定义为：以电视为媒介、依靠画面语言和有声语言对体育活动进行叙述、介绍、讲解、评论和烘托的应用语言艺术。①

除了一般的文科学生所应具备的基础知识外，我们将电视体育解说员的业务知识分为体育、电视以及播音三部分。播音方面的理论知识主要用于解说员的语言表达……体育和电视两部分的业务知识，则是解说员思考问题时的工具。②

“体育评论解说通道班”邀请一线的体育解说员、资深记者和评论员、体育专业教师进行讲座和授课，开设有“体育概论”“体育训练学”“体育史”“体育社会学与奥林匹克”“体育解说评论概说”“当代世界体育解说发展现状”“经典赛事欣赏与分析”“电视体育访谈类节目主持艺术”“体育比赛的采访和报道”“足、篮、乒乓球的技术和战术”“足、篮、乒乓球比赛的解说技巧”等课程，体育成为专业主干课程，而不是“主持”，不讲什么主持意识、主持思维、主持状态、主持功力，教授的是体育主持意识、体育主持思维、体育主持状态、体育主持功力，一切以对“体育活动”的“叙述、介绍、讲解、评论和烘托”为目标。

“体育评论解说通道班”具有标本的意义。这三期通道班的举办是“播音与主持艺术”专业教育的一件大事。

## 五、著有一批分门别类地论述节目主持的专著和教材，阐述了怎样培养电视节目主持人的理论

十余年来，全国已出版百余种有关“主持”的专著和教材，大体可以把这些专著、教材所阐述的节目主持理论分为四种类型：

一为“似是而非”的理论。这类理论以“主持”论“主持”，认为有一种“主持”理论和技巧的存在，只要掌握了这种理论与技巧，就能主持各种各样的电视节目，其知识点为主持意识、主持思维、主持状态、主持能力、主持功力、主持语言、主持口才（或言语组织）、主持动作（或空间处理）、主持人口语修辞等。然而，这些以“主持”

① 王群：《电视体育解说教学法研究》，《播音主持教学方法十二讲》，中国传媒大学出版社2005年版，第222页。

② 王群：《电视体育解说教学法研究》，《播音主持教学方法十二讲》，中国传媒大学出版社2005年版，第223页。

定义的概念都是经不住推敲的，是实际上并不存在的。

二为“非中有是”的理论。在一些“似是而非”的理论中，也有着言之有理的存在，如主持语言，其实就是原有的普通话播音语言教学或艺术院校培养演员的台词训练；主持口才或言语组织，其实就是原有的口才理论与技艺；主持人口语修辞，其实就是原来的口语修辞训练，等等。这些被冠以“主持”之名的概念和论述，我们都可以辨析出它们的来源和出处，甚至是原封不动的词句抄录，其内容本身就是某一特定领域的理论与技能，都是“真理”，却被张冠李戴，或被“指鹿为马”，统统成了“主持”概论。

三为“基本是非”的理论。在所谓的“主持”理论中，有一小部分纯属信口开河，胡言乱语，充斥着常识性的无知和谬误，可以说是错误百出。

四为“基本是是”的理论。这类理论首先在学理上对“主持”进行分门别类的界定，对节目主持作分门别类的论述，如该院吴郁教授的《节目主持能力训练路径》（中国广播电视出版社 2004 年版）：

第一章：新闻评论类节目主持能力训练；

第二章：社教类节目主持能力训练；

第三章：综艺娱乐节目主持能力训练；

第四章：谈话类节目主持能力训练。

在吴郁教授的《当代广播电视播音主持》（复旦大学出版社 2008 年版）中，这些分门别类的论述得到了进一步的丰富和阐述。

该院的罗莉教授在其所著的《当代电视播音主持教程》（中国传媒大学出版社 2011 年版）中也对播音主持进行了分门别类的论述：

第一章：电视新闻出镜播音；

第二章：电视新闻片配音；

第三章：电视新闻演播室主持；

第四章：电视新闻现场报道；

第五章：电视新闻主持人言论；

第六章：电视纪录片解说；

第七章：电视访谈主持；

第八章：电视社会生活类节目主持；

第九章：电视娱乐类节目主持。

该院教师仲梓源所著《电视新闻播音主持教程》（中国传媒大学出版社 2008 年版）更是从新闻节目的单项类型视角切入，设计了新闻播音主持的课程：

第一章：电视新闻播音主持概述；

第二章：电视新闻消息播报；

第三章:电视新闻节目主持;

第四章:电视新闻访谈;

第五章:电视新闻现场报道。

中国传媒大学电视与新闻学院教师张龙所著《记者型主持人角色论》(中国广播电视出版社 2009 年版)则从新闻记者的职业和类型节目角度论述了新闻节目主持:

第一章:电视新闻节目主持人角色及相关研究;

第二章:《新闻调查》主持人的角色期待;

第三章:《新闻调查》主持人的角色意识;

第四章:《新闻调查》主持人的角色功能;

第五章:《新闻调查》主持人的角色冲突。

这些分门别类研究电视节目主持的专著和教材与那些就"主持"论节目主持的专著和教材不同,两者间的差别是本质性的,前者是实论,研究的是真实存在着的事物和现象,后者纯属空论,论述的是实际上并不存在的假象和虚妄。

## 六、该院师生基本不做"主持"的研究,不写研究"主持"的文章

该院编辑有一套"播音主持艺术"的丛书,至今已出版 13 辑,每辑都发表有二三十篇有关播音和节目主持的论文,作者多为该院的师生,还有一部分为学界和业界人士。通过这些论文,我们可以看到这个学院的教师和学生在关注与研究些什么问题,丛书的编辑者即该院教学和学术研究的领导者在关注、研究些什么问题。仅以《播音主持艺术》第 10 辑和第 11 辑为例,其中所收录的论文除了讨论和研究播音及播音主持外,都是分门别类研究和讨论节目主持的文章,如:

《法律语境和话语权作用下的电视有声语言传播》《试论新闻节目语境与新闻播报风格》《关于体育播音理论体系建设的构想》《浅谈对广播文艺节目播音主持教学的几点想法》《新闻传播为根本,语言功力为核心——从中央电视台新闻频道节目调整谈电视新闻播音主持教学》《"他山之石,可以为错"——论建构主义教育思想视野中节目主持人类型化培养》《真情实录——浅论电视新闻谈话节目主持人培养》《综艺的通道 快乐的桥梁——电视综艺娱乐节目主持人专项培养模式初探》《日本晚间电视新闻节目主持人发展现状》《文化传承与多元渗透——兼谈电视社教节目现阶段特点》《浅析娱乐节目团队主持》《对电视购物节目主持人语言表达的思考》《试论综艺娱乐节目主持人对表演学理论的借鉴》《浅析电视气象节目主持人专业能力的培养》《在"及时行乐"背后——试析电视娱乐节目的社会功能》《电视谈话类节目主持人的角色及功能定位》《浅析电视法制节目主持人的人文关怀意识》

《我国电视综艺娱乐节目现状分析及主持人面临的挑战》《婚恋速配真人秀节目的主持人如何把关》……

这些论文已不是从前那些就“主持”论主持的空谈，而是有了具体的论述对象，成为类型节目主持的研究，具备一定的学术价值和意义。

## 七、把“播音主持”视为一种“集合概念”

在“播音与主持艺术”的专业名称中包含两个概念：一为“播音”，一为“主持”。“播音”是一门专业，国外的大学也设有这个专业；“主持”不是一门专业，除了我们，世界上其他国家和地区一概没有“主持”专业。可是在实际的办学中，各高校的“播音与主持艺术”专业往往是弃“播音”唯“主持”的，甚至以“播音”作为对立面，以示“主持”与“播音”的区别，更有人把“播音与主持艺术”解读为“播音”与“主持艺术”，不屑与“播音”为伍。

可是，节目主持怎么能离得开“播音”呢？无论主持什么节目，主持人只要在话筒和镜头前开口说话，他就是在“播音”。现行“主持”专业的一些理论，尤其是“主持语言”“主持艺术语言”之类的训练教材，不就是原来的“播音”教材吗？

为适应“播音与主持艺术”特定的专业语境，中国传媒大学的“播音与主持艺术”专业教学创造了一个以“播音”定义“主持”的集合性概念——播音主持，“播音主持”作为一种“集合性概念”，包含三个层面的内容。

(1)窄义播音。即有稿播音，将文字语言转化为有声语言的播音。“所谓有稿播音，是指在话筒前、镜头前，根据文字稿件进行有声语言创作。这在大部分节目中，如新闻、评论、专题、解说、文艺等非现场即兴的节目里，特别是一些重大的节目中，都会长期存在。”[①]诸如《新闻联播》《国宝档案》《动物世界》《案件聚焦》等节目的传播都能以播报、串联、衔接、配音等最为中规中矩的纯粹播音方式完成。从这个意义上来讲，最为纯粹的播音岗位也是主持岗位，播音员也是主持人。

(2)广义播音。即话筒和镜头前的有声语言活动，既包括将文字语言转化为有声语言的有稿播音，也包括将内部语言转化为有声语言的无稿播音。播音能力不仅是播音员，而且是任何类型的节目主持人都必须具备的一种能力。

(3)特色播音。即具有分门别类的节目特色的播音。不同的节目类型、不同的节目内容、不同的传播任务，制约着主持人的有声语言活动，主持人必须拥有与节目内涵相匹配的知识和经验，并通过有声语言予以准确、有效的表达。

通过“播音主持”，中国传媒大学播音主持艺术学院的“播音与主持艺术”专业

---

① 张颂：《播音主持艺术论》，中国传媒大学出版社 2009 年版，第 59 页。

找到了自己的立足点。就总体而言，“播音主持”是一种播音学的概念，其本质是播音，播音在固守自身领地的同时，以“播音主持”的方式开拓着新的传播疆域，特色播音涉及语境的创造，是节目播音与节目主持的交叠重合。

当然，这种交叠重合只是涉及，是以“播音”为专业的一专多能教学，而非以“多能”为专业的某类主持人的培养。所以，中国传媒大学播音主持艺术学院把新闻节目播音主持和综艺娱乐类节目主持作为人才培养的重点方向无疑是一种明智的选择：首先，新闻节目播音主持和综艺娱乐节目主持是两大种群的主持岗位，一线的需求量大；其次，前者的人才培养是该专业的传统强项，而后者则取决于学生的天赋。

在“播音与主持艺术”专业开办之初，“播音”遭诟病，被冷落，十余年过去了，“播音”不但没有消亡，而且愈益显示出其在主持人培养中不可或缺的地位和作用。事实上，全国数百所高校设置的“播音与主持艺术”专业，绝大部分办的是一个“播音”专业而非它们自己所声称的“主持”专业；而那些由艺术院校开设的“主持”专业，其实是表演专业的一个培养方向，培养的是综艺娱乐游戏竞技节目主持人。

没有“主持”，“播音”还是“播音”，“播音与主持艺术”专业照样是一个专业；没有“播音”，“主持”就什么也不是了，“播音与主持艺术”专业在学理上也就不复存在了。

正是“播音”，让中国传媒大学播音主持艺术学院的“播音与主持艺术”专业站稳了脚跟，没有成为一个笑话；也正是播音，让全国数百家高校所开设的“播音与主持艺术”专业能得以延续。

在笔者看来，中国传媒大学播音主持艺术学院的“播音与主持艺术”专业是中国“播音与主持艺术”教育的领跑者，一步一步探索着中国电视节目主持人培养的前行方向。

（作者单位：上海戏剧学院）

【教学研究】

# 文艺节目主持"碎片化"教学法初探

成 倍

"碎片化"，英文是"fragmentation"，原意指完整的东西破解成诸多碎片。在社会进入媒介互融时代后，信息传播呈现出"多元化""分众化""差异化"的格局，于是"碎片化"这个词进入了传播学理论的范畴。学者们普遍认为，"碎片化"是受众追求自我、追求个性的必然结果，是传播者从事传播活动的主要依据，已成为社会发展的趋势。

在这样的媒介社会变革背景下，我们不禁要思考传统的播音主持艺术教学如何与时俱进，以适应时代提出的新要求，或者说，如何更加敏锐地洞察传播一线的新动向，以利于我们提前做好应对的准备。

不能否认，"碎片化"进入传播领域，对传播者的"单兵作战"能力提出了更高的要求，对传播过程中的诸多细节有了更精准的要求，因此无论是对一线的传播者，还是从事媒介传播教学科研的团队来说，都是一种挑战。

在 2014 年的教学实践中，我尝试将"碎片化"教学法引入文艺节目主持领域，试图提升学生的个性化表达能力。文艺节目，是一个广义概念，是根据文艺的基本定义来界定的，其主要特性就是艺术性、娱乐性和参与性，具有愉悦心神、陶冶情操的娱乐功能。所以，我们所说的文艺节目，指的是"大文艺"，它不同于我们常规理解的在舞台上"嬉笑"的综艺节目或者只是包括音乐、戏曲、晚会等的"小文艺"节目。凡是具有艺术、娱乐等功能的节目，都可以划入文艺节目的范畴。

对于文艺节目主持能力的培养，要立足于"文艺"的三个基本属性，即艺术、娱乐和参与。我用了三个当下年轻人较为熟悉的词语来解读这些属性："美"起来、"High"起来和"个性"起来，从美学的高度对文艺节目主持提出了要求。那么，如何具体落实这些要求，切实有效地提高学生文艺节目主持的基本能力呢？我采用了"碎片化"的教学法，即不用常规的"节目带教学"的方法，而是从节目中剥离出来，进到具体的主持片段中去，用"节目碎片"来进行训练。实践证明，这一方法比"节目训练法"效率更高。

## 一、构建短小凝练的"信息团"

文艺节目主持有声语言表达能力，有两个具体的基础表达能力，一个是叙述能力，一个是描述能力。叙述能力指的是准确高效传播信息的能力；描述能力指的是生动刻画具体意象，使人获得美感愉悦的能力。

现在，很多学生一到主持训练时，就是满口"水词儿"，乍一听，洋洋洒洒，口若悬河；细一听，不知所云，语无伦次。所以，我通过训练学生构建短小凝练的"信息团"来提高他们这两方面的能力，提升他们有声语言传播的有效性。

"信息团"，顾名思义就是多个信息凝聚在一起形成的句群。虽说有多个信息，但其中也有缜密的逻辑关联，构成句子间的主次及逻辑、修辞关系。构建"信息团"的基础是要先确定最能体现传播目的的"中心句"，也称"核心句"，然后根据表达需要拓展出具有丰富内涵和逻辑修辞等功能的"从属句"。这样的训练，可以防止学生东拉西扯，想到哪里说到哪里。"信息团"训练的关键是要以句子为单位，用完整的语句来锁定传播目的。

在教学实践中，我发现学生习惯以"词"为单位进行思考和表达，结果导致逻辑主体混乱、东拉西扯现象的出现。比如，有一个学生想设计一个介绍歌手王菲的主持片段。她脑子里蹦出来的一个关键词是"传奇"，于是，就一会儿王菲怎么传奇了，一会儿她唱了一首《传奇》，各种信息搅和在一起，最后也不知道她到底想说什么。于是，我提出，首先要明确这个节目的传播目的，是要介绍歌，还是介绍人？她说，是要介绍人。也就是说，要为大家介绍"传奇"的王菲，于是我就问她王菲是怎么传奇的，她回答说王菲的传奇人生分为几个阶段，每个阶段都有代表作以及鲜明的时代特点。按照此继续梳理，她所掌握的信息之间就串成了一个逻辑链条，构建成了"传奇王菲"的信息团，做出来的主持片段一气呵成，句句都是有效信息，没有废话。

## 二、运用多元化的表达手段

多元化的表达手段是文艺节目主持"碎片化"教学的重点，即通过节目碎片的训练，挖掘学生多元化的表达能力。

我参加过几个地方电视台主办的主持人比赛，发现我们的学生有声语言表达基本功还是比较扎实的，但是在舞台上主持时明显感到单薄，逊色于表演专业的同学。究其原因，就是我们的学生在表达手段上太单一，除了“朗诵”，几乎不会别的表达方法。

我尝试让学生从传统经典文艺作品中品鉴表达手段的种类，比如相声等曲艺形式，就有“说学逗唱”四个基本的表达手段，比如京剧就有“唱念做打”四项基本功。那么，我们呢？孤独地站在舞台上“朗诵”显然是不够的，是无法形成强大的舞台张力的。

因此，上台的第一步就是要寻找和发现舞台空间里可以用来互动的元素：观众、嘉宾、大屏幕、LED，甚至各工种的工作人员。舞台上的一切细节元素，都可以用来建立复杂的交流关系，从而形成多元化的表达手段。

比如，有一次我参加某地方台的主持人大赛，中间有个“听写汉字”的环节，主持人声称要考核选手的基本语文能力，因为上台“不识字”是很可怕的。我们的一个学生和当地的一个主持人进行“PK”。我们的学生很实在，大有“志在必得”的决心，上台后跟观众打了个招呼，就放下话筒拿起笔“磨刀霍霍”了，可是对方却不紧不慢，漫不经心，仿佛要故意“输”掉一样。结果，几个字下来，我们的学生都写出来了，脸上绽放出“胜利者”的笑容，而对手呢，一个都没写对，他在干什么呢？一会儿做鬼脸“呀，我又不会耶”，一会儿唱上一句“你的温柔，我永远不懂”，一会儿把写对的改错，一会儿又把写错的改对，使得全场观众为之担心。最后，虽然他“输”了，但是“虽败犹荣”，因为他赢得了全场观众的注意，这才是文艺节目主持能力的体现啊！在赛后总结上，我跟我的学生说，我们需要有多元化的表达手段，善于发现和挖掘一切用以表达的舞台元素，单一的元素和单一的表达手段已经不适应当前媒介的发展要求了，我们比的是如何当一名主持人，如何在摄像机前使观众获得愉悦。

所以，在“碎片化”教学实践中我要求学生尝试拓展自己的表达手段，于是多媒体用上了，现场展示也用上了，主持群也用上了。学生们不但动口，还动手；不但自己“单兵作战”，还设计了“角色配合，团队作战”的战略战术，这样的训练大大开拓了学生的思路，也丰富了他们的表达技能。

## 三、养成多维度的传播意识

“维”是一种度量，多维度的思考可以使人更加全面地认识问题。所以，我鼓励学生养成多维度的传播意识，即我们到底要传播什么，我们在话筒前、镜头前以及舞台上的表现究竟是要向观众、向社会传达一种怎样的观念、意识和态度。

### （一）传播真

真，是传播的前提。真实、真诚是我们参与传播过程的最基本要求。我们提倡真心真情说真话。在“碎片化”教学过程中，每一个主持片段都要做到真真切切，绝不允许虚情假意。我最常问的一个问题就是“你平时这么跟人说话吗?”如果你平时不这么跟人说话，那么我就认为它缺乏生活基础，是假的。艺术，一定是来源于生活，植根于生活的，任何脱离生活的语言，都是不真实的、不真诚的。

(二)传播善

善，既是对主持人道德层面的要求，又是对主持人专业水准的衡量。我们常说:“人都做不好，怎能做主持人?”这就是对“善”的一种解读。

从传统文化的角度来看，“善”是中华文化的精髓。对于文化传承者来说，传播“善”是我们义不容辞的责任。传播“善”，既要言传，又要身教，这也是为什么大家对主持人在道德层面的要求要高于常人的原因。

从专业表达的角度来看，“善”既是一种专业态度，更是一种表达基调。只有内心从“善”出发，语言才能充满温情和暖意。“善”引导我们形成符合社会需要的主流价值取向，引导我们发出正义之声。

(三)传播美

美，不仅仅是听觉、视觉层面的感官愉悦，更是一种心灵愉悦的升华。文艺节目主持不能只满足于感官层面的刺激和娱乐，更要去探寻慰藉心灵的方法和手段。

现在电视上有一些节目，看着挺热闹的，上蹿下跳，闹闹哄哄，但是观众看完以后，整个人不但没感到轻松愉悦，反而觉得更疲乏、更累了，这就是追求感官刺激导致的后果。所以，对于美的认识，要站在更深刻、更全面的视角来看。美是推动人类进步和社会发展的正能量，这种愉悦不应只是体现在个体欲望的满足上，更应反映社会各个层面之间的和谐。

养成多维度的传播意识，有助于学生从更高的层面来审视文艺节目的社会功能，从而深化、细化主持人的作用，避免陷入形式主义及低俗化表达的泥淖中，这在当前的主持教学中显得尤为重要。

(作者单位:中国传媒大学播音主持艺术学院)

# 转动思维的齿轮

## ——浅析即兴口语表达训练中信息综合处理的三个步骤

杨蔚蔚

在信息爆炸的今天，信息的获取越来越便捷，速度也越来越快。而信息的有效性却没有得到相应的提升，甚至出现了对有效信息的抓取越来越困难的情况。在新媒体充分发挥其“全民性、即时性、互动性”等优势的同时，受众如果要真正理解信息的内容，需要经过一个对信息“去粗取精、去伪存真、融会贯通”的消化吸收过程。能“消化吸收”的信息，才是对受众有意义的“有效信息”。

以高校大学生为例，他们接收信息的媒介渠道多种多样。其中，以网络、微信、微博、新闻客户端为主。以“短、平、快”为主要特征的信息获取方式，决定了他们在获取信息的过程中容易出现“碎片化、漫反射、有广度欠深度”等问题。而信息是即兴口语表达能力提升过程中不可或缺的“原料”。“巧妇难为无米之炊”，引导学生有效地获取信息、高效地处理信息，是即兴口语训练过程中必须要做的功课。本文尝试把着眼点放在思维手段的探索上，希望通过本文的思考，能够给即兴口语表达训练过程中如何引导学生对信息进行全方位、立体化的综合处理提供一些可尝试的方法。

### 一、转动思维的齿轮——思维在信息综合处理过程中的重要意义

信息处理的过程，简言之就是对信息进行筛选、加工、存储和使用的过程。而思维是指人脑对输入的信息加工整合，从而制作出思想产品的能力。[①] 换言之，思维将决定我们如何认识、理解周围的人和事。所以，要正确认识信息和准确理解信息，就离不开良好的思维方式。如果要及时、准确地理解外部信息的刺激，就要以特有的敏感去发现、捕捉，并在思维方式的帮助下对其进行理性的加工。整个过程

① 朱智贤：《心理学大词典》，北京师范大学出版社 1989 年版，第 634 页。

无一不需要思维的作用。所以我们才要从思维的层面来探讨如何高效地处理信息。

思维是一个“获取信息－进行加工－得出结论”的有机过程。经过了这个过程，往往也就完成了我们对信息的一个处理。对我们在即兴口语表达训练中综合处理信息的思维过程进行细化的分析，可拓宽我们理解信息的维度，提升处理信息的能力。

为了更全面、更具体地分析，进而优化信息处理方式，在这里，笔者把综合处理信息的过程分为三步：抓取具体信息点、建立起信息之间的勾连、提炼观点。

## 二、信息综合处理的第一步——抓取具体信息点

抓取信息点，就是要对新闻信息进行拆分，丢掉琐碎的部分，将最重要的信息重新提炼出来。在这个过程中，我们经常会运用到“分析”的思维方法。分析是在头脑中把事物的整体分解成各个部分、方面或特征的思维过程。分析是思维过程的基本运行方式，也是我们对信息进行基本了解和把握的常用方法。分析手段的运用，可以帮助我们把整体信息进行肢解，将内容进一步细化，从而发现未被挖掘的信息点。而在现实生活或是日常教学中，我们经常会发现，学生对具体信息往往是视若无睹的，从而导致其理解的模糊或笼统。学会运用分析的手段，敏锐地抓取信息点，是处理信息的首要步骤。

在我所担任的“广播电视口语表达”课程教学中，非常重视培养学生抓取具体信息的能力。我将教学过程分为图片解读、视频解读、听辩练习等训练单元，虽然训练素材的形式不一样，但是挖掘素材本身的信息一直是我们训练即兴口语的重要起点。以文字为主的新闻文稿信息的提炼，更加强调对信息的抓取。

在教学中，我曾经以下文作为口语表达课程听辨练习的文稿：

> 昨日，北京市委宣传部、北京市爱卫会、北京市卫生计生委联合启动《北京市控制吸烟条例》倒计时 50 天宣传活动。同步启动的“无烟北京”微信公众号，还推出了“依法控烟、爱在身边”劝阻吸烟手势评选和“戒烟助手”服务板块。
>
> 据公开数据显示，北京市户籍 15 岁以上烟民约有 188 万人，全市区域内烟民近 400 万人。“北京市 2000 万居民都有暴露于‘二手烟’中的风险”。北京市卫生计生委主任方来英希望，《条例》的实施能动员全社会意识到烟草的危害。
>
> 《北京市控制吸烟条例》于 2014 年 11 月 28 日由北京市第 14 届人大

常委会第 15 次会议表决通过，将于今年 6 月 1 日起开始实施。

这部《条例》被称为“史上最严控烟令”“最全面控烟立法”，规定今后北京市所有“带顶的、带盖的”公共场所、工作场所和公共交通工具 100% 禁烟；同时，幼儿园、中小学校、文保单位、体育场、妇幼保健机构、儿童医院等室外公共场所也被列入全面禁烟范围。违反禁令的烟民，最高将罚款 200 元。违规设立吸烟区的单位和机构最高可罚款 3 万元。

抓取信息点：

(1) 准确时间到底是哪一天：“昨日”？那就需要对照新闻的发稿时间来确定准确的日期。

(2) 活动由哪几个部门主办：北京市委宣传部、北京市爱卫会、北京市卫生计生委。

(3) 运用新媒体手段来加大宣传：启动“无烟北京”微信公众号，还推出“依法控烟、爱在身边”劝阻吸烟手势评选和“戒烟助手”服务板块。

(4) 吸烟现象严重程度：全市区域内烟民近 400 万人。

(5) 低龄烟民：15 岁以上烟民约有 188 万人。

(6) 很多不吸烟的人也被吸烟所危害：北京市 2000 万居民都有暴露于“二手烟”中的风险。

(7) 条例的准确名称：《北京市控制吸烟条例》。

(8) 实施时间：2015 年 6 月 1 日。

(9) 禁烟的场所：所有“带顶的、带盖的”公共场所、工作场所和公共交通工具 100% 禁烟。

(10) 特殊区域：幼儿园、中小学校、文保单位、体育场、妇幼保健机构、儿童医院等室外公共场所也被列入全面禁烟范围。

(11) 处罚力度：违反禁令的烟民，最高将罚款 200 元。违规设立吸烟区的单位和机构最高可罚款 3 万元。

一篇 410 字的短新闻，我们抓取到了 11 个信息点。通过抓取信息点，学生对这个新闻事件的理解就非常具体、准确和深入了。

再如 2014 年 9 月 4 日中央电视台的《新闻 1+1》栏目，主题为“监控录像中的‘越狱’谜团”，节目指出了延寿县看守所杀人越狱案的发生，是因为看守所在管理上存在诸多漏洞。节目没有以“管理规定、专家观点”的角度为主，而是通过主持人白岩松讲述、分析案发当时看守所内监控摄像头所拍摄下来的四段监控录像，向观众直接展示了三名罪犯杀人越狱的整个过程，让观众非常具体、直观地了解了看守所管理上存在的缺失，让整个社会引以为戒。

抽象的观点往往不如具体的事例具有说服力，空洞的号召也没有透彻的分析那样深入。在以往的即兴口语表达训练中，作为引导者的我们往往更注重发言者表达中的流畅、华丽，而容易忽视切实的内容方面的提升。重视表达中的具体内容，能够让我们的训练更为侧重实质。

## 三、信息综合处理的第二步——建立起信息之间的勾连

建立信息之间的勾连，实际上就是打破信息原有的线性结构，重新整合、架构信息。在这个过程中，我们往往会运用到"比较"的思维方法。

比较是在头脑中把各种事物或现象加以对比，确定它们之间异同点的思维过程。人们认识事物，把握事物的属性、特征和相互关系，都是通过比较来进行的。只有经过比较，区分事物间的异同点，才能更好地识别事物。由于年龄、认知水平、思维发展水平的差异，比较思维手段的运用能力也不一样。在我们刚刚了解一个事物时，往往不能快速把握它的本质特征。通过比较异同点，则可以帮助我们尽快地深入了解一个事物，把握它的本质。而这个过程，也恰恰是我们逐渐加深对一个事物或某一类事物认识的过程。

在笔者参与教学的"广播电视口语表达"课程的教学中，我们引导学生尝试"举一反三""触类旁通"。学生通过运用比较的方法，建立起"新闻事件之间""人和事件之间""人和人之间"的联系，不再孤立地理解问题，加深了理解的深度。

中央人民广播电台新闻频率中国之声的《央广夜新闻》栏目，于 2015 年 6 月 11 日晚对"贵州毕节 4 名儿童非正常死亡案"进行了报道。主持人与记者连线，介绍了孩子非正常死亡现场的情况，并由此新闻事件引出了近几年发生的一系列未成年人的伤害事件。

（1）比较伤害事件发生的地点。同样是发生在贵州省毕节市七星关区：2012 年 11 月，5 名儿童在一处垃圾箱里生火取暖导致一氧化碳中毒死亡。

（2）比较新闻人物。同样是有关于留守儿童的案件：2011 年下半年，广西年仅 6 岁的女童被邻居多次强奸长达半年。

（3）比较事件性质。同样是儿童自杀的案件：2014 年 1 月，安徽 9 岁男童自缢身亡，原因是母亲第二年不能回家过年。

通过对发生地点、新闻人物、事件性质三个维度的比较，把多个新闻事件关联在一起，使得我们对"留守儿童监护缺失"这个问题的认识得到了进一步的拓宽和深入。

建立起信息之间的联系，能让我们更全面地看待问题，同时加深对某一个孤立信息的全方位、多维度认识。

## 四、信息综合处理的第三步——提炼观点

为什么要求学生形成自己的看法和观点？首先，能形成观点就表明学生对一个问题有了足够了解。如果浅尝辄止，是不足以形成观点的。其次，观点直接反映了学生的价值观。对价值观的引导和塑造，是即兴口语表达训练中的重要目标。

在即兴口语表达的教学过程中，笔者经常引导学生问自己三个问题：这条新闻为什么成为“新闻”？可以从哪些角度来解读？我的解读能给观众带来什么样的价值？

囿于大学生在阅历、新闻素养以及知识占有方面的不足，我先不让他们长篇大论，而是要先学会做短小精悍的“一句话点评”。而这简短的“一句话”，往往要“一针见血”“一语中的”。想要做到“一语中的”，就必须善于抓住事物或现象的本质。而抓取本质，也一定是在全面掌握信息、深入认识的基础之上才能做到的。

笔者所指导的一名大一新生，在对一张题为“游客踩踏天坛祈年殿丹石陛”的新闻图片做解读练习时，就很好地做到了在抓取具体信息、整合信息的基础上提炼观点。以下是她提炼观点的步骤：

> 第一步，她在解读图片信息的时候，注意到了多个具体信息点，其中包括许多别人难以发现的细节。(1)有小朋友正坐在丹石陛上拍照，旁边还有一些游客准备让孩子或者是成年人坐到丹石陛上拍照。(2)祈年殿御道的丹石陛已经出现了多道裂纹。
>
> 第二步，她有意识地查找了背景知识，查到这块丹石陛已经有 600 多年的历史。
>
> 第三步，在结尾处，她非常自然地点题“这款丹石陛年龄已经很大了，它经不起我们这样的折腾了。”她的这一观点明确、形象生动，使观众易于接受。

在引导学生形成观点的过程中，我们可以调动我们的批判思维，形成“鞭辟入里”的批评性观点，同时我们也要运用辩证思维，提出具有建设性的意见。好的评论，不能仅仅是理性的呈现，还要有感性的表达。当今时代，已经是一个观点越来越多元化的时代，我们提出自己的观点并不是让人们简单地判断孰是孰非，更为重要的是，我们积极主动地分析和点评，可能会提供一种新的看待问题的视角，而这正是当代大学生所必需的。

当面对一个新闻事件或者较为复杂的信息时，我们首先运用“分析”的思维手

段抓取其中的信息点，从微观层面对信息进行“放大镜式”的观察，更为准确地把握信息。接着，我们运用“比较”的思维手段建立起信息之间的联系，举一反三。继而，我们综合运用多种思维手段，提炼出自己的观点。深入挖掘信息，高效地处理信息，就可以提高获取信息的有效性，进而从内容层面切实提升即兴口语表达的质量。

（作者单位：中国传媒大学播音主持艺术学院）

# 即兴口语教学中"择词训练"有感

孙艳梅

组词造句是小学生常做的训练,看似很容易,所以当我们可以"出口成章"的时候往往就会忽视这点"小儿科"的东西。但在实践中发现,作文时精心打造几个用词讲究的句子并不难,难的是在即兴口语表达时用语准确、精彩。在针对大学一年级学生的口语表达训练课程中,"用词不当"是最常见也最容易被忽视的问题,这不但会影响表达效果,还会影响语言流畅,并增加即兴口语表达时的紧张感。

## 一、现状

有时我们只在乎语言的主题和思想,关注我们大概要说什么内容,对较细小的用词不太关心,认为"车到山前必有路",一定能找出个词来用上,但"书到用时方恨少",经常会"理屈词穷",甚至有时连最简单平常的词也说不出来。在我们刚开始进行口语表达训练课程时,会出现较多用词不当的情况,大致有以下几类:

(一)近义词乱用

在一次评论训练中学生说:

> 依然发生了一起事件让人寒心,那就是有几名小学生因完成不了作业而选择跳楼。

"寒心"指因失望而伤心。"痛心"指极端伤心。对于跳楼这样的事件很明显应该用"痛心"。

在对一则好人好事的评论中学生这样说:

> 在这样一个社会背景下,我们能充分感受到这样一份温馨……

“温馨”在《现代汉语词典》中的解释是“温和芳香”，有浪漫美好的色彩。当别人帮助我们时应该感到温暖，此处当然应该用“温暖”。

近义词乱用现象较多见，一些用词不当虽不至于影响听者对语意的理解，但对于将来要成为媒体人的学生来说，语言表达最基本的要求就是准确规范，用词、语法、语音都要准确，才能起到示范的作用。

（二）文白不当

遣词造句的基本要求是准确表达语义，但在准确的前提下还有好不好的问题，如果能有一些文采就更好了。但不能为了有文采，而选用生僻词或把简单的语句复杂化。那样会使语言烦琐且不易被理解。用词恰当才是有文采的前提，无论是在大众传播还是在人际交流中，语言表达要与语境相符。

某某每天都前往农田干活。

此句用“前往”一词并不影响语意的理解，但去农田干活是一件每天都做的平常事，本来一个简单的“去”字就可以，却用“前往”，显得烦琐而刻意。我们希望自己的言谈文雅，但文雅不是烦琐，简练干净也是一种文雅。

太“文”不好，太“俗”也不好，口语化不等于白话、俗话，尤其在大众传播中不宜使用小众的方言词语。使用方言词语会造成理解障碍，影响信息的传递。在一次看图说话练习中，学生说：

教室很狭窄，他的桌子摆在走道里。

“走道”是指“街旁或室内外供人行走的道路”。本句中是指两列桌子之间可以通过的地方，也有些地方用“过道”这个词。很多人并不知道“走道”是什么地方，而且容易与“走廊”混淆。也有些同学找不到合适的词进行描绘，就直接说“他的桌子夹在两排桌子中间”，这样的表达也是比较清楚的。

又如：

核桃林是主楼后身的一片树林。

其中，“后身”在一些方言中是“后面”的意思，也有 “身后”的意思，若换成“后面”则更通俗易懂。

（三）词不达意

语言中变化最快的是词汇。随着时代的发展，新词新语频出，同时，有些词语在原有意的基础上衍生出新的意义。"尴尬"就是一个衍生意较多、被用于很多场合的词语，自然会出现乱用的"尴尬"：

一千多男生只有两个球场多尴尬。

《现代汉语词典》中"尴尬"的解释为人"处境困难，不好处理，或神态表情等不自然"。上例句中，意在说男生没有足够的场地踢足球，很拥挤，似乎也可以有"尴尬"之意，但结合上下语境是说学校硬件设施跟不上，用"尴尬"一词不能很好地表达语句目的。

在谈到莫言获诺贝尔文学奖领奖时采用讲故事的方式发表演说这一案例时，学生说莫言"创新了一种方法"。"创新"一词使用不当，选择讲故事的方式做获奖演说很新颖、很有吸引力，但"创新"是原来没有，新创造的意思。选择新颖的演讲方式本身就是一种智慧，但不是创造一种新方法。用看似较普通的词语，比如"选择""用"则会更恰当。

## 二、原因

之所以在即兴口语表达训练中频频出现用词不当的问题，总的来说可归结为两方面的原因：一为基本功的问题，一为心理因素差。

基本功层面。一是与词汇量的大小有关。如果词汇贫乏，巧妇也难为无米之炊。现在大家更喜欢读图，省时省力，即使阅读也较少精读，加之日常口语中对语言没有自我要求，仅满足交流即可，造成对词汇的积累处于顺其自然的状态。二是与对词汇的理解和熟悉程度有直接关系。一般情况下我们对较常用的词熟悉程度较高，也不易出错，不会影响语言的流畅，反应速度也较快。但在使用时有些词语却怎么也想不起来，就是因为对这些词语不够熟悉。三是与句式的复杂程度有关。如果选择较复杂或者较长的句式，精力主要用于安排复杂句式上，流畅性自然会降低。所以在口语表达时（尤其是初学者）可选择短句，以表达清楚为第一目的。

心理因素方面。一是好高骛远。这与我们对语言表达效果的追求有关。用词最基本的要求就是准确，在准确之上再追求生动、有文采。如果以追求新奇、语出惊人为目标而致词不达意或使听者不知所云，就得不偿失了。好高骛远是不切实际的，循序渐进才是进步的正道。有时会遇到话已在嘴边但觉得用词平庸，一时又想不起来更合适的词，造成卡壳的情况，此时不妨先把话说完，事后再分析有没有更好的表达，甚至再多换几种表达方式训练，这样就既不会吞吞吐吐影响下面的表达，也可在之后的分析中更好地总结提高。在训练中我曾把学生吞吞吐吐的语言录下来，然后让学生换一种较"朴实"的表达方式，把简单流利的语言与结结巴巴的表达作对比，高下自然分明，这样会帮助学生反思自己并设定较实际的目标。

二是紧张造成表达障碍。紧张是造成思维不畅的重要原因，最典型的表现就是语言不连贯或出现口误。很多学生表示自己练习时表现比较好，但是一当众说话就不行了。其实，潜意识里对自己不自信是造成其当众说话紧张的深层原因。随着训练的逐渐深入，学生会越来越自信，即兴口语表达也会越来越流畅；而表达流畅会使学生更加自信。这是一个良性循环的过程。

## 三、对策

### (一)制定规则，培养语言习惯

很多学生没有养成边想边说的好习惯，一些话根本没走脑子就脱口而出，导致用词错误或者口误频出。首先，在训练初期应适当减慢语速。为培养学生边想边说的习惯，我在课上曾做过专门让他们减慢语速的训练。语速的快慢是一个人说话的习惯，好习惯的养成需要经过较长时间有意识的训练。语速的快慢一般取决于我们对自己语速的感觉，感觉语速太慢自然就会加快，常常自己不觉得说得快，而听者觉得很快，所以训练建立正常的语速感受，有助于控制语速。在开始训练之前，我就不断提醒学生要注意保持适中的语速。通过专门针对语速的训练，学生意识到语速降低可降低出错的频次，他们也有更充足的时间在头脑中选择合适的词语，即使表达时所用的词语不是自己最理想的选择，有时也会略有停顿，但整体表达流畅。更重要的是在训练控制语速的过程中，很多学生表示能够体会到边想边说的感觉。

### (二)多手段训练，追求丰富生动

在网络上搜索到一段于丹的演讲视频，不知道是什么时间、地点，关于什么主题的演讲，只知道她刚刚从外地回来，话语间能让人充分感受到她急于和大家分享她出差时领略的新疆美景。她用了这样的语言：

这是何等的令人心驰神往，
那明艳的黄，浓烈的红，苍老的绿，
炊烟连成片，就像一片袅袅的晨雾。

因为季节的流转变换。
我之所以爱秋色胜于爱春天,
木本的植物,把一树一树的树叶,招摇、燃烧成为满山的花朵。

于丹的语言充满了浓烈的色彩,极具感染力,没有高难的词语和复杂的语句,没有过度的修饰,但我们能感受到她对美景的喜爱,以及她的语言所具有的强烈的画面感。"浓烈的"红,"苍老的"绿,看似用词普通,但让我们感受到了颜色的情绪,似乎看到了她所描绘的画面。可见生动的表达不一定是"一词惊人",是用恰当的词语灵活地组合变化。这样看似简单却生动的描绘除了基于她的文学功底外,还有她强烈的表达愿望和对事物的敏感。当我们对一个事物充满热情时就会有强烈的愿望想要绘声绘色地用语言去描述;当我们真正有所触动时,就会调动自己的积极性,真正去体会、感受,用词也会生动起来。

课堂训练时我曾给学生一幅图,要求大家用语言把这幅图描绘清楚。

有位学生第一句话就是:"图画的中央是两只兔子,放在两个杯子里。"另一位学生则说:"两只毛茸茸、气定神闲的兔子,卧在两只茶杯里,只露着小脑袋。"虽然仅多了几个形容词,但一幅生动的画面就呈现在眼前了,先不管这些描绘是不是准确,但这几句话带给我的形象感受是丰富的。我能感觉到这幅图触动了学生敏感的神经,使她有兴致这样描绘,也使她思维活跃。如果每天都去描绘、表达,如果每次都能尽力使自己的语言生动,那么我们的词汇会更加丰富,语言会更加生动,思维也会更加灵活。

在训练时,有些学生说出了"热烈地开满花","水果鲜艳饱满,散发着令人垂涎的香气,好想大快朵颐",这样有表现力、有张力的语句,描绘出一幅幅生动、感性的画面,反映出了他们的心境。

(三)强化训练,提高反应速度

随着训练的加强,老师就可以要求学生逐渐加快语速。对于一些语言表达能力已经很好的学生来说,加快语速可以强迫其积极用脑、快速反应,并迫使其注意力更加集中,提高择语的反应速度及语言生成速度。

在即兴口语表达训练课程中,我会再三强调词语使用的三个层次:第一是词义准确。这是最基本的要求,不能为了追求辞藻华丽而忽略准确。第二是用词生动形象。对生动的追求可以说是无止境的,这是语言表达更进一步的追求。第三是语音优美。在用词准确、生动的基础上,如果能兼顾语音优美则可以使语言顺畅动听,表达更完美。

千里之行,始于足下,要逐步提高语言表达能力,须先从"精于用词"开始。

(作者单位:中国传媒大学播音主持艺术学院)

# 关于形体基础训练的教学方法

赵小钦

形体基础训练是指对本我身形美感和形成美感的身体素质等基本条件的训练,包括身体的柔韧条件、协调能力、平衡能力、控制能力和驾驭能力等。它是一门专业性和科学性极强的艺术,也是一门涵盖了生理学、人体力学和造型审美艺术的学问。

形体基础训练的内容丰富多样,可以通过垫上训练、把杆、把下等正确训练方式,对人体身形进行有效的调整,在提高身体素质和能力的同时,使身形具有审美价值。科学、专业、适宜的形体基础训练,是培养电视播音主持从业者形体表达的基础。

由于基础训练具有较强的专业性,如何进行训练?针对此问题,我从专业和实用的角度出发,难易结合,简单编排和介绍如下训练内容(因文字表现的局限性,参考者需具备一定的形体基础常识),给需要进行形体基础训练的爱好者作参考。

## 一、活动练习

(一) 跑圈

跑步(拍节)+高抬腿跑(拍节)+单腿跳(拍节)+弓步转身左右甩臂(拍节)+前后甩臂吸腿前行(拍节)+燕飞式蹲起前行呼吸(拍节)+上伸臂折腰触地(拍节)+左右扭转(拍节)+正向起身结束(拍节)。

(二)伸拉

借助垫子或把杆等条件,进行压腿、开胯、伸腰、开肩、压脚等柔韧度练习。

## 二、把杆练习

双手扶把,身体面向把杆,在与把杆保持合适距离位置时,双手以肩宽左右的距离，轻轻搭握在把杆上。

(一)一位脚站姿

目视前方，保持姿态。

(二)一位擦地 (含压脚跟)一位站立准备

＊准备拍节时，双手轻扶把杆。

＊右腿练习(连续动作分解如下)：

(1)脚分别向前、旁、后三个方向擦出，每方向 4 次(2 拍一次)。

(2)接旁擦地 2 次后，接 2 个压脚跟，收回一位(2 拍一次)。

(3)分别擦向前、旁、后、旁各 4 次(1 拍一次)。

(4)收回一位后，保持身体一位站姿。

＊左腿练习(同上)。

(三)蹲(脚一位准备)

＊准备拍节时，双手轻扶把杆。

＊右面动作如下：

(1)一位蹲，一位半蹲 2 次，全蹲 1 次 ，立脚尖收紧(2 拍)，慢压脚跟 2 次，快压 2 次，落脚跟一位站立。

(2)二位蹲，右腿擦到二位，半蹲 2 次，全蹲 1 次，立脚尖收紧(2 拍)，慢压脚跟 2 次，快压 2 次，落脚跟，移重心到左腿，右脚擦到五位站立。

(3)五位蹲，半蹲 2 次，全蹲 1 次，立脚尖收紧(2 拍)，慢压脚跟 2 次，快压 2 次，落脚跟五位站立。

＊左面动作同右面。

(四)五位擦地 (含勾绷脚)五位脚站立准备

＊准备拍节时，双手轻扶把杆。

＊右腿动作如下：

(1)右脚向前擦地 4 次(2 拍一次)。

(2)向前擦出绷、勾、绷、擦回前五位(各 1 拍)，做 4 次。

(3)旁擦地 4 次(2 拍一次)。

(4)向旁擦出绷、勾、绷、擦回后五位(各 1 拍)，做 4 次。

(5)向后擦地 4 次(2 拍一次)。

(6)向后擦出绷、勾、绷、擦回后五位(各 1 拍)，做 4 次，收回后五位。

(7)旁擦地 4 次(2 拍一次)。

(8)向旁擦出绷、勾、绷、擦回前五位(各 1 拍),做 4 次,收回前五位脚站立姿态。

*左腿动作同右腿。

#单手扶把杆(身体侧向把杆,靠近把杆一侧的手轻搭扶于把杆,身体与把杆保持适当距离)。

*五位站姿(五位脚,一位手,头朝向 2 点前方,下巴微抬)。

(五)小踢腿(15 度)

*准备姿态(单手扶把,一位手,五位脚站立准备)。

*准备拍节时,呼吸的同时,手从一位经二位到七位手。

*右腿动作如下:

(1)前、旁、后、旁,各踢 4 腿(2 拍一次)。

(2)前踢 2 腿(2 拍一踢),脚尖点地 1 次(2 拍),脚收回前五位(2 拍)。

(3)旁踢腿同上,脚收回后五位。

(4)后小踢腿同上,右脚尖后点地,擦地到一位。

(5)分别向前、后、前方小踢腿(每方向 1 拍,各踢一次)。

(6)后、前、后(每方向 1 拍,各踢一次)。

(7)前、后、前、后(每方向 1 拍,各踢一次)。

(8)前、后、前,右脚尖点地,呼吸同时脚擦回五位,手由七位到一位手位,保持五位基本站姿(单手扶把)。

*左腿(换右手扶把,动作与右腿相同)。

(六)画圈

*准备姿态(五位脚,一位手准备)。

*准备拍节时,手经二位到七位。

*右腿动作如下:

(1)前擦地画 2 个半圈(由前到旁),一个蹲画全圈到后直立到前。

(2)反方向画到后。

(3)擦地经一位侧吸腿。

(4)前伸直到旁,到后。

(5)点地,擦地到前。

(6)反方向擦地到一位侧吸腿。

(7)后伸直到旁,到前。

(8)点地,擦地收回五位。

(9)脚五位前下腰(手七位经一位、二位到三位保持),收回直立。

(10)后下腰,收回直立。

(11)旁外侧下腰,直立。

(12)旁内侧下腰,直立。

(13)左涮腰(前、旁、后、旁,前立)。

(14)右涮腰(反向同上)。

(15)手到七位,呼吸还原脚五位,手一位站姿结束。

* 左腿(右手扶把杆,同上)。

(七)弯直

* 准备姿态(一位站立准备)。

* 准备拍节时,手从一位、二位到七位。

* 先右腿,后左腿,连续做:

(1)前,吸腿蹲,前伸直(2次)。

(2)旁,吸腿蹲,侧伸直(2次)。

(3)后,吸腿蹲,后伸直(2次)。

(4)旁,吸腿蹲,侧伸直(2次)。

(5)立脚尖,直腿收回五位,手到三位,转身换右手扶把杆,左手从二位到七位,五位脚落脚跟。

(6)开始做反面腿(同上)。

(7)呼吸,蹲直收回五位结束。

(八)把上压腿(正、侧)+(后腿)

* 准备:把杆上正腿,一位手准备。

* 准备拍节(2拍),手经二位到三位。

* 左右正侧腿:

(1)压右正腿(勾脚压4拍)。

(2)贴腿握脚踝保持(4拍)。

(3)绷脚压(4拍)。

(4)贴腿绷脚尖保持(4拍)。

(5)立脚尖控制(4拍)。

(6)落脚跟转侧腿。

(7)压侧腿(勾脚压4拍)。

(8)侧贴腿握脚踝保持(4 拍)。
(9)绷脚压(4 拍)。
(10)贴腿绷脚尖保持(4 拍)。
(11)立脚尖控制(4 拍)。
(12)落脚跟换左腿。
(13)压左腿正,侧(勾、绷、立,同上)。
(14)落右脚跟保持侧立姿态,结束。
* 后腿:
(1)准备:把杆上后腿,单手扶把,一位手准备。
(2)准备拍节(2 拍)手经二位到七位。
* 右腿:
(1)把杆上后腿站立保持不动(4 拍)。
(2)主力腿蹲,直 4 次。
(3)三位手,直腿后压(4 拍)。
(4)脱把控制后腿造型。
* 换左腿练习(同上)。

### (九) 把上绷脚尖踢腿(五位站立准备)

* 准备拍节奏时,手由一位经二位到七位。
* 右腿:
(1)前腿(前擦出、踢、点地、擦回前五位,踢 4 腿)。
(2)旁腿(侧擦出、踢、点地、擦回五位,踢 4 腿)。
(3)后腿(后擦出、踢、点地、擦回后五位,踢 4 腿)。
(4)旁腿(同上)。
(5)呼吸,手由七位回到一位结束。
* 左腿(同上)。
注:踢后腿和旁腿时,也可以双手扶把杆。

### (十) 控制

* 准备姿态(五位脚,一位手站立,头朝 2 点方向)。
* 准备拍节时,手由一位经二位到七位。
* 右腿:
(1)吸腿+伸直+点地(1 组前、旁、后、旁四个方向)。
(2)前腿吸直+画圈(1 组前旁后,到后点地,收后五位,后吸伸直画圈到前点地)。

(3)呼吸,前腿擦经一位(主力腿蹲)到后,弓箭步前伏身探腰,手经一、二位到三位起身,同时后腿经一位擦到前,手七位,脚点地下后腰,直立,主力腿移重心吸腿到动力腿(呈手三位吸腿直立半脚尖姿态),五位站立,落脚跟的同时配合呼吸,手经七位回到一位手,保持五位姿态。

*左腿(同上)。

## 三、把下训练

把下训练主要包括三个方面:踢腿练习、控制组合和跳跃练习。

首先是踢腿练习。

### (一) 勾脚踢腿(行进踢腿)

*准备姿态:男生,丁字位站;女生,踏步位站。

*准备拍节时,双臂由胸前双晃手到左边拉开双山膀,脚变正位站立。

(1)前腿:

①准备拍姿态,前迈步踢正腿(2拍一腿)。

②前行左右腿轮换勾脚上踢(每腿踢4次)。

③亮相退场。

(2)旁腿:

*准备姿态:同上。

*准备拍节时,保持姿态不动。

①迈步,左转身,踢右旁腿(左手向下晃手的同时,左脚向前迈步左转身,右手旁起,胸前按掌的同时,左手沿身体侧面至上托掌,身体朝向左侧,右腿上踢)。

②右脚迈步,右转身,踢左脚(动作与踢右脚相反)。

③左右腿轮流向前迈步,转身,侧踢。

④亮相退场。

### (二)绷脚踢腿

绷脚踢腿动作同上。

其次是控制组合。

把下的控制组合可以很好地训练和强化形体的综合能力。它对训练的针对性、编排的动作以及指导水平要求较高,此文中暂不具体涉及 。

最后是跳跃练习。

(1)一位小跳:

*准备姿态:一位站立,一位手。

*准备拍节:保持一位站姿。

①蹲(准备拍节的最后一拍时,双腿一位下蹲,准备起跳)。

②起(靠小腿肌肉力量拉伸直立腿)。

③跳(立直的同时脚跟、脚掌、脚趾依次推离地板,空中保持一位姿态)。

④蹲(落地时脚尖先着地,依次脚掌、脚跟、小腿、大腿逐渐蹲)。

(2)二位中跳:

*准备姿态:五位站立,一位手。

*准备拍节:保持五位站姿。

①五位蹲(开胯深蹲)。

②蹲起(靠大腿和小腿肌肉的合力向上,推起身体)。

③跳(空中由五位脚,二位手姿态,打开到二位姿态落地)。

④二位蹲(深蹲)。

⑤二位起跳(空中二位姿态)。

⑥二位蹲(深蹲)。

⑦二位起跳(空中二位姿态)。

⑧二位蹲(深蹲)。

⑨二位起跳(空中二位姿态收回五位脚)。

⑩五位着地蹲起。

⑪五位站立。

(3)五位小跳:

*准备姿态:五位站姿。

*准备拍节:同上。

①五位蹲(浅蹲)。

②五位跳连续(空中保持五位姿态)。

③五位脚变换(前五位和后五位交替落地)。

以上是专业形体基础训练的部分参考内容。

由于形体基础训练的科学性、系统性和实操性很强,不同专业训练的针对性存在较大差异,本文通过文字介绍,旨在与大家交流基础训练的一些专业方法,为具有一定基础的学生和教师,在形体基础训练中提供较为具体的帮助和参考。训练内容可根据个体条件以及训练目的灵活掌握,以求实效。

(作者单位:中国传媒大学播音主持艺术学院)

【诵读研究】

# 浅谈朗诵艺术中的多重审美体验

吴洁茹　朱　瑞

在艺术的审美活动中，人们常常把从一种艺术形式中获得的感受转化到另一种艺术形式中，综合运用听觉、视觉、嗅觉、触觉等多种感觉来获得对艺术作品的感知，这种沟通不同艺术形式之间美感的桥梁就是艺术通感。朗诵艺术也是如此，创作者和欣赏者都可以在艺术通感中获得多种艺术形式的审美体验。正如方明老师所说："语言艺术都是播音的姊妹艺术，播音与琴棋书画都有联系。"①方明的朗诵总是大气磅礴、一气呵成，如同书法艺术讲究神采、气韵，又如绘画艺术简练放纵、浓淡相宜，使听者感到旷远博大，获得美的享受。

在朗诵者的审美创作中，艺术作品有了音乐的韵律美、绘画的意境美、表演的情境美、舞蹈的体态美，使得作品的表达"言有尽而意无穷"。

## 一、朗诵艺术中蕴含着音乐艺术的韵律美

斯坦尼斯拉夫斯基说过："语言即音乐。在舞台上讲话，这是一种困难程度并不亚于歌唱的艺术，要求有很好的修养和高超的技术。"汉语也确实具有这种音乐性。古代汉语语音的平仄与对仗构成了格律的基本要素。而现代汉语语音有阴平、阳平、上声、去声，再加上约定俗成的轻重格式，使得汉语有声语言本身听起来就节奏分明、起伏跌宕，加上汉语元音居多，音节整齐，故响亮饱满、节奏和谐。古诗词中的韵律美体现得最为充分，那词语的韵味和意象、句子的节奏和铺排、章法的严谨和灵动都沉积着、彰显着民族的风范和气度。

汉语言的音韵美决定了朗诵艺术的韵律美，正如语言学家王力所说："语言的

① 林刚：《谈新闻播音的继承和创新》，《新闻与写作》1992 年第 3 期。

形式之所以是美的，是因为它有整齐的美、抑扬的美、回环的美。这些美都是音乐所具备的，是通过语调的起伏高低、节奏的快慢交替、力度的强弱变化、音色的明亮悦耳等方面显示出来的。”①朗诵者通过声音的高低起伏、长短变化来表达真情实感，“八月秋高风怒号，卷我屋上三重茅”是动人的悲歌，“月出惊山鸟，时鸣春涧中”是欢快的小曲。朗诵家瞿弦和在把握文字内韵、倾注个人情感的基础上，就十分讲究语言的韵律美：从吐字行腔方面阴柔低缓，展现其细腻、流转的美；从快中显慢、动中求静的张弛相间到气韵连绵，形成一种回环往复的美；从语气的明暗虚实相承到抑扬顿挫的转换，形成起伏跌宕的旋律美。

除了深入人心、流传千古的古诗文之外，朗诵者在表达其他语体时，仍然要语意清晰准确，感情真挚饱满，声音圆润通畅，语态变化细腻，表现贴切鲜明。例如朗诵者在处理格调清雅的文学作品，如散文《月光曲》时，通常用柔美的声音，像小夜曲般旋律舒缓，节奏轻快。在表现波涛汹涌的海面时，可通过声音上的抑扬表现出感情上的波澜起伏，达到“诵之行云流水，听之金声玉振”的效果。朗诵者在处理格调稳重平和的文学作品，如朗诵散文《敬畏生命》时，通常用庄重的声音，像鼓乐声一样旋律深沉，节奏平稳，体现出声音的厚度和力量。而在处理情绪极度饱满的文学作品时，朗诵者往往大胆地在整个音域中纵横驰骋，像多重奏一般共鸣浓郁、旋律激荡、节奏多变。濮存昕在朗诵李白的《将进酒》时，大力渲染大开大合之情，语调随着意象跳跃，把李白忧愤抑郁又不甘沉默的情绪很好地表现出来，把诗词给人的强烈的视觉冲击，转换为对听者的听觉冲击，带给听众酣畅淋漓的审美感受。

## 二、朗诵艺术中蕴含着绘画艺术的意境美

“意境”最早出现于文学创作与批评中。三国两晋南北朝时期的文学创作中始有“意象”说和“境界”说，用来指抒情性作品中呈现的那种情景交融、虚实相生，活跃着生命律动、韵味无穷的诗意空间。意境概念运用到绘画上，主要是在山水画得到迅速发展的五代和宋、元时期，画家把对山水的情感诉诸画笔，在疏密相间、虚实相生、浓淡相宜中营造意境美。例如李可染将淡墨与浓墨结合使用，以淡墨渲染山水远景，又以浓墨勾出屋舍近景，表现了雨后空明和湿润的特点，因而《漓江雨》栩栩如生，意境深邃。而朗诵艺术则是通过停连、重音、语气和节奏等技巧来营造美的境界，用节奏的快慢对比呈现疏密相间，用语气的轻重缓急呈现虚实相生，在美妙的声音流中再现文学作品的内在意蕴与声音形象，从而创造出灵动的画面，与听众共同感知朗诵的意境美。朗诵的意境美，就是意与境合；形之于声时，便是情

① 王力：《略论语言形式美》，《光明日报》1962年10月9日。

与声合。

此外，在中国的绘画批评中，历朝历代无不以神似作为对绘画的最高要求，而画的“像”只能说是一个好的画匠。在朗诵艺术中处理人物旁白或对话时，并不提倡单纯模仿人物的声音，而是要抓住人物的性格特征，在声音雕琢上追求“神似”而不是“形似”。老子在《道德经》中说，“大音希声，大象无形”。鲁迅先生也曾说过，“好的说话有三美，音美以感官，一美也；形美以感目，二美也；意美以感心，三美也。”①朗诵艺术要达到意境美的境界，就要在创作时既讲究技巧，又破除技巧，在“有我”的前提下进入“无我”之境，化有形于无形。在朗诵时朗诵者的类比联想、再造想象完全处于兴奋态势，这会把人生经验、生命活力、岁月印痕统统聚合起来，落实到文字作品的词语序列中，体现在有声语言的艺术表达之内。方明老师在朗诵中对意境的再创造可以说是个典范，他的朗诵所描绘的画面精细又传神，抒发的情感真挚又细腻，在真情与真景的交汇之中，一个可供听者驰骋想象的艺术空间被创造出来。他常说：“有境界则自成高格。”他朗诵李白的诗《梦游天姥吟留别》，在进入梦境部分时，用多变的语气层层推出飞腾登天、熊咆龙吟、雷电霹雳等一幅幅迷离恍惚的画面，铺展了神奇背景，很好地表现出诗人那种不事权贵的品格和豪放飘逸的秉性，把诗人描绘的梦游仙境活灵活现地展现在听者面前。

## 三、朗诵艺术中蕴含着表演艺术的情境美

表演艺术中的情境一般是通过布景、道具等来打造，而朗诵艺术则主要通过声音来营造情境。情景再现是朗诵艺术的内部技巧之一，朗诵者在进行创作时，通过想象、联想等方法“看到”文字作品中所描绘、叙述、说明的事物，激活对象感与身份感，产生“如见其人，如闻其声”的感受，这样既使自身的语言生动活泼，焕然一新，更有张力，又能更好地营造出愉悦、悲伤、愤怒等情感氛围，从而诱发听众的审美情趣，把听众带入声音创造的情境中，获得感性刺激，达到情景交融、物我一体的效果。

此外，舞台朗诵艺术也常常会借鉴表演艺术中的布景、灯光、音乐、化妆造型等辅助手段，让朗诵者和听众在情感上更容易进入作品所设的情境中。但朗诵艺术的内核始终是声音，讲求“我就在”，而非表演艺术的“我就是”。听众通过视觉、知觉、表象、联想、想象、理解、情感等多种审美心理活动，感知到“弦外音”“画外画”，从而获得美的享受和启迪。

在朗诵朱自清的名篇《荷塘月色》时，朗诵者可以通过声音营造出荷叶连连、荷

---

① 鲁迅：《自文字至文章》，《汉文学史纲要》，江苏文艺出版社 2008 年版。

花朵朵、清香缕缕的意境，画面里有诗有情，展现幽静、朦胧、优雅之美。朗诵者要赋予声音以画面感，让作品更加立体形象，就要进入作品设置的情境，先看到清幽的叶子，还有零星开着的白花，紧接着朗诵者又闻到缕缕花香，像“远处高楼上渺茫的歌声似的”，始终跟随作者的笔触在头脑中形象地描绘生动的场景，通过声音再现事物的情态、远近、高低、动静；描画事物的色彩，白花、碧天、凝碧的波痕，使听众不仅能见其形，更能见其色、触其味、品其韵，细腻绵长，回味无穷。

## 四、朗诵艺术中蕴含着舞蹈艺术的体态美

在舞蹈艺术中，舞者通过优美的舞姿、专注的眼神、淡淡的微笑等来表情达意。朗诵艺术中朗诵者一般采用丁字步或八字步自然站立，身体随情感的变化，或挺立，或前倾，或后仰，或轻微晃动和走动。虽然朗诵者身体的运动幅度不大，主要以塑造声音形象为主，但也不能忽视表情、手势、眼神等体态语在传递情感上的重要作用。在朗诵时，随着表达内容的变化，朗诵者喜怒哀乐的表情和朗诵内容的欢愁别离紧密地结合在一起。再加上适当的手势，朗诵者可以更好地抒发情感，吸引观众的注意，引起观众的共鸣。要注意，手势的运用并不是越多越好，而是要依照表达的内容、语境和情绪而定，做到大胆到位，适时而用，画龙点睛。另外，朗诵者在全身心地进行朗诵创作时，也要不时地通过心灵的窗户——眼睛，把自己的情感传递给台下的观众并从观众的眼睛中获得一种反馈，了解他们对自己朗诵的感知程度。

朗诵者的动作、表情、手势、眼神都应该是内心情感的真实流露，要以情带形，动作、表情、手势、眼神都有一定的表达寓意，要与朗诵的内容相吻合，恰到好处地帮助相应情绪的抒发，以期达到声、形、情、意的统一。动作、姿势的节奏对朗诵表达也十分重要，动作幅度的对比、快慢的节奏能够呈现朗诵者情绪的转折与变化，甚至有强调的作用，对观众的情绪调动产生一定的作用。只有充分发挥形体语言的烘托作用，才能将朗诵表达推向高潮。

张颂教授曾在《简论播音艺术的欣赏层次》一文中指出：“让播音语言内涵与声音形式的变化进入有机融合的深处，使广大听众、观众在有限的时间里进入无限的空间，既获得众多的信息，又获得情操的陶冶，直觉得信息是美的，信息显示的大千世界也是美的，那声音欣然走进敞开的心扉，息息相通，没有滞碍。这是一种境界，是播音艺术的最高境界。”[①]从接受美学的角度来看，无论何种艺术门类，要想具有美感，不仅需要创作者的艺术创作，还需要欣赏者的二度创作，二者达到共鸣才能

---

① 张颂：《论播音艺术》，北京广播学院出版社 1999 年版。

"高山流水遇知音"。朗诵艺术本质上是一个传情达意的过程，朗诵者要以生动的形象、炽热的情感去感染听众，不断地调动思想感情使之处于积极的运动状态，做到心中有形，才能言之有物、言之有情、言之有意，在听众和文学作品之间搭起一座桥梁，与听众共同完成听觉形象的塑造，共同丰富朗诵艺术作品的内涵，获得多重的审美体验。

（作者单位：中国传媒大学播音主持艺术学院）

# 古体诗吟咏与现代诗朗诵

李 昕

“朗诵”一词，我们并不陌生。《现代汉语词典》中这样解释“朗诵”一词：“朗诵是大声诵读诗或散文，把作品的感情表达出来。”细致地说，朗，即声音的清晰、响亮；诵，即诵读。朗诵，就是运用清晰、响亮的声音及各种有声语言表达技巧呈现作品思想感情的一种语言艺术活动。朗诵艺术的表达对象很多，以诗歌和散文为主，而诗歌因其节奏、韵律的朗朗上口，更成为朗诵艺术钟爱的表达对象。

诗朗诵在我国具有悠久的历史和广泛的群众基础。古代就有“吟诗”之说。诗词可以“吟”，这是中国古代诗歌一个非常突出的特点。除了“吟”这种方式外，上古时期还有“咏”“诵”“读”“讽”“赋”“歌”“唱”等提法。在语言流动的过程中，诸语言要素不断碰撞、分化、组合，最终形成范畴区分较为明确的“吟咏”“诵读”“吟诵”“歌唱”等复合词语并沿用至今。

“吟咏”一词连用，最早见于《诗大序》：“吟咏情性，以讽其上。”[①]唐孔颖达在《毛诗正义》中解释说：“动声曰吟，长言曰咏。作诗必歌，故言吟咏情性也。”[②]华锋先生在《吟咏学概论》一书的前言中是这样解释“吟咏”的：“吟诵包括了吟咏与诵读”，但是，“吟咏与诵读还是有细微的区别的”，其中“诗词曲的吟诵称之为吟咏，经史文赋等散文的吟诵称之为诵读”。[③] 本文采信华锋先生的提法。所谓“吟咏”，是指按照一定的韵律、节奏并带有一定情感地吟诵古典诗词的一种方法。

## 一

吟咏与朗诵同为诗歌的艺术实现方式和有声传播方式，二者在基本属性、艺术

---

①② 《毛诗正义》，北京大学出版社 1999 年版，第 15 页。

③ 华锋：《吟咏学概论》，大象出版社 2013 年版，第 1 页。

实现的具体过程以及开展吟咏与朗诵的外部环境等诸方面皆存在比较和研讨的空间。

(一)吟咏的属性是学习古典诗词的读书方法和学习工具,朗诵的本质是一种表演形式

在中国古代,儿童的学习活动主要在私塾中进行。科举制度的存在决定了私塾的学习内容是以国学科目"四书五经"为主,兼及诗词创作等。塾童在老师的带领下,按照一定的规则集体吟咏古体诗文佳作是吟咏的典型形式。在这种学习方式中,孩童们声音有高有低、有粗有细,本身就具有娱乐性。众多的塾童,有人背得快,有人背得慢,在集体吟咏中,他们相互帮助、相互提携,共同在充满趣味的集体吟咏中不知不觉地把那些自己压根不懂的经典诗文背得滚瓜烂熟。同时,吟咏的固定腔调要求每个孩童都要服从全局,这有助于培养塾童的集体意识。科举制度废除之后,私塾教育在很多地区以父辈向子侄辈传授知识的家族学堂方式得以延续,吟咏这种学习方法亦在此得到保留和传承,仍然是学习古典诗词的重要读书方法和学习工具。

与此同时,新式学堂和新兴的高等学府逐步兴起,尤其在大城市中发展较快,成为儿童和青年接受教育的主要场所。教学内容和教学主体的改变,使得吟咏日渐式微。朱自清先生的《论朗读》中明确提出:"现在多数学生不能欣赏古文旧诗、词等,又不能写作文言,不会吟也不屑吟恐怕是主要的原因之一。"[①]朱文作于1944年,此时距离"五四"运动也仅仅20多年,但是吟诵的传统已经在青年中消失了。

"五四"运动后,现代诗歌创作逐步兴起,早期的白话文诗歌更多是印刷在书本和报刊上。"朗诵"成为现代诗的重要传播方式,是在抗日战争爆发后。诗人锡金在回顾这段历史时说:"要号召光明和胜利的祈求,要打破诗歌自身的厄运,非得替诗歌另找一条出路不可,新的表现方式和传播方法有一个,是朗诵。"同时他还预言:"诗歌能朗诵,将能发展它新的前途。能朗诵的诗歌可以成为我们最好的表现形式,能朗诵的诗歌可以促进一部分沦落了的诗歌的新陈代谢。"[②]

由于诗歌朗诵具有独特的艺术感染力,抗日战争期间,在武汉、重庆等地出现了大规模的诗歌朗诵活动以及"朗诵诗"的创作,一些优秀的朗诵诗作品将意象与情志渗入听众的心灵,极大地调动了群众的抗战热情和斗争信心。作为一种独特的艺术形式,朗诵开始被关注,出现了《诗歌朗诵手册》[③]《戏的念词与诗的朗诵》[④]

---

① 朱自清:《朱自清全集》(第二卷),江苏教育出版社1988年版,第58页。

② 锡金:《诗歌和朗诵》,《文艺月刊》1937年第20期。

③ 桂林集美书店1942年7月刊行。

④ 重庆美学出版社1943年版。

《从朗诵谈起》[①]《论诗歌朗诵的技巧》[②]等专门探讨朗诵艺术的书籍和文章。

新中国成立后,人们对朗诵这种艺术形式的研究更加深入。黄伯荣、廖序东先生主编的《现代汉语》[③]对"朗诵"这样解释:"朗诵是指舞台上的朗诵表演,它不仅在语言表达上的幅度比朗读大,同时,还需要运用一定的表情和手势来强化它的表达效果。"徐世荣先生在《朗读、默读、背诵》一书中这样分析朗诵:"文学朗诵是一种艺术形式,是表演出来,供大家欣赏的,它和戏剧表演性质相近。大家欣赏了表演者的艺术,也欣赏了原作品。"[④]

从这些研究中不难发现,朗诵更多是被定性为一种表演形式。

以表演为本质的"朗诵"作为一种教学手段和学习方法,被运用在声乐教学、表演等特殊科目的教学中。这与吟咏的基本属性——古典诗词曲的学习工具——有相通之处。声乐教学经常要求学生在歌唱之前先有感情地朗诵歌词,这样除了能更好地熟悉和理解歌曲内涵外,还能帮助学生练习歌唱基本功,提高发声训练的效果,增强艺术处理的能力。朗诵更被视作表演专业学生的看家本领和基本功,在帮助演员加深对作品内容和思想感情的理解、启发演员进行积极的情感体验、诱导演员创造生动丰富的声音色彩等方面发挥着作用。

从分类学上考察吟咏和朗诵,又可以看出很多不同。吟咏一般按吟咏方式分类,分为集体吟咏和个人吟咏两类。朗诵则更多是从朗诵的表演地点来分类,分为纯粹朗诵、客厅朗诵和舞台朗诵,其中舞台朗诵是朗诵的最高形式。当然,从朗诵方式上看,也有按照个人朗诵、合诵、集体朗诵进行分类的。

(二)从艺术实现过程看,朗诵是运用艺术化的有声语言对文学作品进行艺术再创作的过程;吟咏是吟咏者学习、体会、欣赏诗歌或诗人自己推敲、创作诗歌的过程

在朗诵表演中,不仅要求朗诵者简单地将文字语言转换成有声语言,还要求朗诵者心中升腾起与作品相应的真实体验与情感,并通过朗诵者圆润、清晰、生动、富有艺术感染力的声音对文学作品进行再度创作,使作品的意象与情思渗入听众的心灵,从而使听众获得用眼睛阅读无法获取的独特感受。

张颂教授在谈到朗诵创作时曾说:"理解是基础,目的是统帅,感受是关键,感情要运动,声音要变化,状态要自如。"朗诵表演时,朗诵者已经完成了对文字作品内容的理解和感受、情感的集聚和调动;朗诵过程中还要有意识地运用吐字、呼吸、共鸣等艺术语言发声技巧来帮助朗诵过程的顺利实现。

---

① 发表于《战地》1938年第1期。

② 发表于《抗战文艺》1938年第4卷5、6期合刊。

③ 甘肃人民出版社1985年版。

④ 徐世荣:《朗读、默读、背诵》,福建教育出版社1981年版,第6页。

吟咏的功能可大致概括为：学习古典诗词、欣赏古典诗词、推敲创作古典诗词、教学生学习古典诗词这四项。应该说，其中前两项功能是为朗诵创作所需的“理解稿件”环节服务的。与登台进行朗诵表演相区别，无论是孤芳自赏式的个人吟咏，还是在教学生学习古典诗词，吟咏者都无须刻意进行发声技巧的准备，更不用做什么手势和动作（文人在吟诵到得意时，喜欢摇头晃脑，这只是说明他进入了状态，并非刻意表演）。吟咏者学习、欣赏、推敲、创作古典诗文时一般都是个人行为，很少有外人在场，没有人关注他的手势和动作，他自然不会一个人莫名其妙地在那里手舞足蹈。

谈到思想感情的强烈程度问题，人们一般认为，作为表演艺术的朗诵需要更加强烈的情感体验和情绪调动，而吟咏活动则处于一种平淡的思想感情状态中。我认为这个问题不能一刀切。

感情世界立体交叉、纷繁复杂，喜怒哀乐、好恶爱憎可以交织成细密难分的感情层次，不能轻易地下有无的断语。人类的有声语言总是伴随着一定的感情因素，即便是“平淡”的表述，其本身也是一种思想感情。事实上，有经验的朗诵艺术家特别忌讳滥用“夸张”语调。周殿福先生在《艺术语言发声基础》中谈到：“最理想的朗诵语言，莫过于把语势说得朴质自然，声音的高低强弱适合说话人的思想态度，使听众既不感到喊嚷，又使全场听得清楚，而保持朴素自然的生活语言气息，同时又具有高于生活语言的感染力和艺术性。”[①]因此，朗诵表演时，朗诵者的思想感情要为适应艺术表达而做适度夸张，但绝不能刻意追求“夸张的情感”。吟咏语言展示的情感状态更接近生活，但其“真实”程度可能高于舞台朗诵语言，尤其高于那些一味追求表演效果的拙劣的朗诵。

另外，吟咏必须按照吟咏的规则进行。吟咏的规则包括平仄、音韵、节奏以及感情的调整等。尽管吟咏的韵律很简单，甚至可以说很“呆板”“千篇一律”，完全不能与近现代的歌曲相媲美，但它毕竟有一定的韵律，有一定的曲调，有一定的节奏，而朗诵则没有平仄、音韵等方面的规则来制约。

（三）开展吟咏和朗诵的外部环境亦存在一定差异

朗诵活动一般在特定场合进行，如文艺晚会、比赛或者班会等，这些活动往往会有一定的主题和目的，朗诵篇目的编选需要围绕活动的主题进行。而对于吟咏而言，无论是孤芳自赏式的个人吟咏，还是父子、母女、长辈与晚辈教学式的吟咏，都是吟咏者很虔诚地、按照一定的韵律和节奏去诵读自己当下喜爱的古典诗文，而不必围绕特定主题展开。吟咏活动更多是要求有这样一个场所：它能够满足吟咏

---

① 周殿福：《艺术语言发声基础》，中国社会科学出版社 1980 年版，第 328—329 页。

者进行诗歌学习、交流、推敲、创作的需要，同时要有一定书卷气、充满和谐自由、温文尔雅的文化氛围。

朗诵的场合都有听众(除非自我训练)。吟咏的场合一般也有听众，但孤芳自赏式的个人吟咏也很多见。在个人孤芳自赏的吟咏中，或“新诗改罢自长吟”，或“白头两遗编，吟唱心自足”，吟咏活动在陶冶个性性情、增强个人艺术修养方面有很大意义。而朗诵的目的更多是朗诵者通过自己的演出，使受众得到心灵的冲击、情感的陶冶。

综合以上研究，我们将吟咏与朗诵的基本区别汇总在下表：

| | | 吟咏 | 朗诵 |
|---|---|---|---|
| 基本属性 | 本质 | 古典诗词的学习方法 | 有声语言表演形式 |
| | 生存环境 | 私塾、家庭 | 班会、集会、晚会等 |
| | 传承方式 | 师生之间、父辈与子辈之间 | 师生等 |
| | 表现对象 | 古典诗词曲 | 古典文学、现当代文学 |
| | 分类 | 按吟咏方式分 | 按朗诵方式分<br>按朗诵地点分 |
| 艺术实现过程 | 发声方式 | 口语发声 | 艺术语言发声 |
| | 语言 | 方言与普通话兼用 | 普通话 |
| | 情感调动 | 接近生活中的情感状态 | 以实现最佳舞台艺术效果为原则 |
| | 规则 | 有规则 | 无规则 |
| 外部环境条件 | 场所要求 | 任意场合，但要求环境优雅 | 特定场合，多以表演为目的 |
| | 交际范围 | 自我交流为主 | 有特定受众 |
| | 运用目的 | 陶冶情操、增强自我修养 | 通过表演使受众获得情感体验 |

## 二

吟咏是学习古典诗词的方法和工具，这种学习工具在两千年的历史长河中形成了独特的文化体系，已经与中国古典诗词紧密联系成一个有机的整体。现代诗歌和散文的朗诵虽历史较短，但其产生与“吟”“诵”“读”古文的学习方法有内在的渊源和联系，朗诵与吟咏在学习中国文化、品味中国语言文字魅力上一脉相承。

今天我们探究吟咏和朗诵二者的差异，有以下几个方面的意义：

(一)引起人们对吟咏这种传统古典诗词学习方法的重视

朱自清先生说:"从前学习文言文乃至欣赏文言,好像非能吟会唱不可。"这是因为,用吟咏的方法学习、阅读古典诗词,不但能够帮助记忆和背诵,而且对掌握古典诗词的平仄和韵律、把握古典诗歌的感情脉络等也有很大帮助。有些古典诗词,文字浅白,语言流畅,既未使用深奥的典故,亦未引用过多的传说。对于这些诗词,不需作过多的考证注疏,只需反复吟咏,其文化内涵自然显现出来。还有些古典诗文常有难解之处,但只要反复吟咏便可体会作者的良苦用心和诗篇的优美意境。

朱自清先生还提出,古典诗词必须吟咏,白话诗则不必吟咏。他说:"诗是精练的语言,跟平常的说话自然差得多些。精练靠着暗示和重叠。暗示靠新鲜的比喻和经济的语句;重叠不是机器的,得变化,得多样。这就近乎歌而带有音乐性了。这种音乐性为的是集中注意的力量,才能深入每一个词汇和语句,发挥那蕴藏着的意义,这也就是诗之所以为诗。白话诗却不要音乐化,音乐化会掩住白话诗的个性,磨损了它的曲折处。白话诗所以不会有固定的声调谱,我看就是为此。"①

(二)通过探讨明晰各自的基本属性和特征,实现优势互补,共同发展

一个时代有一个时代的文学,一个时代有一个时代的主体艺术形态。"五四"之后,白话文与白话诗取代了文言文、旧体诗,新文学作品的朗诵取代了古典诗文的吟咏。吟咏的传统濒于中断,但实际却并未绝响。鲁迅说:"吟罢低眉无写处",他不说"草罢",不说"读罢",他不是在吟咏吗?可见"吟咏"之法有其生存的必然性和必要性。在大力倡导国学教育的今天,更应重新审视吟咏这一传统的古典诗文学习方法,并通过与朗诵艺术进行比照,来拓展其生存空间。

1. 大力发展普通话吟咏

"五四"之后吟咏逐渐消歇,1949年以后基本彻底消失,直至20世纪80年代以后才重新出现在人们的视野中。这一巨大的历史断层造成目前挖掘、搜集和整理到的吟咏实例多为"活化石"形态,所用语音大多数是方言语音。

高尔基说:"作为一种感人的力量,语言的真正的美产生于言辞的准确、明晰和动听。"②言辞的准确首先是发音的正确,即所谓的"字正"。这个"正"的标准就是本民族共同语的标准音。从这一角度来说,吟咏也好,朗诵也罢,各种艺术口语的语音准确性都应建立在现代汉民族共同语——普通话语音的基础之上。目前,在普通话朗诵方面已经有很多研究成果,吟咏艺术要想更好地发展和推广,应该向普

① 朱自清:《朱自清全集》(第三卷),江苏教育出版社1988年版,第190页。

② 《高尔基文学论文选》,人民文学出版社1959年版,第263页。

通话朗诵借鉴和取经。

2. 吟咏能够读出诗词的气韵，能够帮助朗诵者理清文脉，合理调动思想感情

气韵是一个具有中华民族特色的美学命题。诗歌的气韵有比较抽象的审美内涵，我们无法用准确的语言来定义。但我们知道，“两句三年得，一吟双泪流”，诗人贾岛在“吟”的艺术实践中完成了诗词的创作和修改，完成了对诗词气韵的捕捉和最终呈现。可见，气韵虽然抽象，但我们可以通过吟咏的方式获取它，做到“于我心有戚戚焉”。

朗诵是运用有声语言对文学作品进行的艺术再创作，其目的是引发受众思想感情的共鸣，其基础是正确地理解稿件和感受稿件。只有朗诵者调动起恰切的真情实感，才能打动受众的心灵。吟咏则是获得真情实感的具体方法之一。

(三)吟咏和朗诵都应该成为人们的一种生活方式

朗诵和吟咏都是高尚的艺术体验活动。经常进行吟咏和朗诵，有助于人们改变一些不好的生活习惯，增进身心健康，提高生活水平。

浩如烟海的历代名篇佳作，无论是合辙押韵的诗歌、古文，还是通俗流畅的现代白话文，都是中华民族上下五千年的文化经典，是历代先贤留给我们的宝贵精神财富。一方面，朗诵和吟咏让我们在精神世界中吸收养分，在与高贵的心灵对话中得到陶冶；另一方面，朗诵和吟咏诗歌是整个机体都参与的节奏感较强的活动，能把血流量与神经细胞的兴奋调节到最佳状态，十分有益于健康。同时，吟咏和朗诵经典，就是倡导向中华民族深厚悠久的文化回归，向汉语言庄重、含蓄、融通、质朴、规范、严整的美感回归。

让我们在吟咏和朗诵中诗意地生活！

（作者单位：中国传媒大学播音主持艺术学院）

【节目研究】

# 我国电视读书类节目的现状及发展策略解析

汪海燕

书籍是人类进行历史记载、文化记载和思想记载最为传统的方式，读书作为一种个体的、抽象的、内在的思维活动一直以来都是人们精神文化生活领域不可或缺的行为，历朝历代的人通过读书了解祖先们过去创造的灿烂文化，通过和古今中外的先贤对话而获得个体行为和思想的升华。每年的 4 月 23 日是“世界读书日”，“世界读书日”因西班牙文豪塞万提斯逝世日而设，虽是地道的“舶来”节日，近年来在中国却呈现出日渐高涨的热度。每年在“世界读书日”前后，国内多家媒体相继推出以阅读为主题的专刊、专辑，呼吁公众重新认识阅读的价值。在媒体为读书展开造势之际，也有人对中国的读书媒体展开调查。2014 年有调查结果表明，开设读书版面的报纸有 150 家，而作为最有影响力的大众传媒，只有 7 家电视台开设了读书类电视栏目（节目）。实际上，在当下由收视率主导的中国电视行业中，娱乐成为电视机构获得收益保障的不二法宝，读书类电视节目因其相对较高的文化品位，始终处于尴尬的境地，一些节目在激烈竞争的电视荧屏上逐渐萎缩消失，一些节目则力图转变制作思路使自己摆脱被边缘化的命运。读书类电视节目为何受此冷遇，又该何去何从，本文试图作出如下解析。

## 一、我国电视读书类节目的现状

电视读书类节目属于电视科教类节目的一种，在我国兴起于 20 世纪 90 年代中期，是在电视上对新近出版的图书进行介绍、展开讨论的科教节目。1996 年 5 月 12 日《读书时间》开办，随后又相继出现了十几个电视读书类栏目。但是，仅仅过了短短四五年的时间，却有一多半节目停办，其中包括上海电视台的《阅读长廊》、北京电视台的《华夏书苑》、湖南电视台的《爱晚书亭》、青岛电视台的《一味书屋》。中央电视台的《读书时间》在经历了 8 年的艰难探索之后，终逃不过收视率末位被淘汰的命运，于 2004 年 9 月被迫退出荧屏，被《记忆》所取代。目前只有中央电视台科教频道《读书》(原《子午书简》)、北京电视台青年频道《书香北京》、河北卫视《读书》、浙江卫视《华少爱读书》、上海星尚频道《今晚我们读书》、上海第一财经频道《速读时代》、凤凰卫视《开卷 8 分钟》这 6 档电视读书类栏目存在。

自 1996 年《读书时间》和受众见面以来，电视读书类节目的开办与发展之路虽然并不平坦，但是爱读书的人还是得到了一种全新且便捷的读书指南。电视读书类节目满足了受众需求，营造了一片精神净土，产生了积极的传播效果。

与传统纸媒相比，电视传媒有着覆盖面广、互动性强、现场感强、视听结合等众多优点，更易拥有稳定的受众。因此，电视媒介利用自己的优势开办电视读书类节目，既能满足大众化社会下受众对文化的需要，又能实现传统媒介和电视媒介的有效结合。

从本质上讲，电视读书类节目具有文化性和时代性。许多出版商也会通过电视这一覆盖广、传播快的现代媒介进行图书的推介，经电视传播的图书往往会成为一种文化的象征，甚至成为畅销书。这样会给出版商带来一定的经济效益，也会给节目带来一定的收视率，从而达成文化和市场的双赢。电视读书类节目也会经常邀请一些专家、学者到电视上和观众进行交流，使精英文化走向大众，提醒人们关注思想性较深刻的图书，关注文化动态，并深刻分析文化内涵和精髓，广为受众喜爱。

## 二、电视读书节目摆脱困境的对策

我国电视读书节目近几十年来兴起得快消失得也非常迅速。2004 年，第一档电视读书类节目《读书时间》因为收视率太低而被迫停播。同时北京台、湖南台、上海台等十多档节目也相继消失。中国电视读书类节目经营惨淡，发展前景十分不好，而国外的电视读书类节目却经常排在收视率排行榜的前端。如美国的《奥普拉书友会》、法国的《毕沃读书》、英国 BBC《理查德和朱迪读书俱乐部》等，都深受观众喜欢，并没有消亡的趋势。这样看来，电视读书类节目的成败也许与节目本身的性质无关，应该把眼光从节目本身转向对文化传统、电视行业机制和微观的电视节目定位、风格、质量的研究上。

### (一)定位要明确

我国当前的大部分读书类节目定位和传播定位都比较模糊，受众群体不明确。节目本身很少有过大规模的市场调查，比如读书人的数量是多少、具体读书比例是多少、每个年龄段不同职业的人的读书情况如何，以及读书群体更喜欢哪类图书等。因为节目定位与受众群体都不明确，所以节目就不能准确地制作，也不能精细地进行前期策划与组织。对于一个电视栏目来说，如果想拥有一个稳定的收视群体的话，那么节目策划的前期必须明确受众定位问题。“毕竟电视观众进行电视消费的过程是一个非常复杂的过程，这个过程中个体性和群体性并存，随意性和目的性互相交织，加之他们有着各自不同的需求。”①所以，电视读书类节目的定位到底是以知识阶层为主，还是面向更为精英的知识分子，又或者是普通老百姓呢，这些问题值得商榷。这些都需要电视读书类节目的制作者去认真研究，广泛掌握市场，摸清受众的情况和喜好，才能立于不败之地。

电视虽然能够快速传播内容，同时有着诸如声画同步、视听兼备等优点，电视读书类节目也成功将新型媒介电视和传统纸质媒介结合了起来，但是就现在电视读书类节目的传播效果来看，电视媒介本身的巨大优势其实并没有显现出来。相较于形式越来越多、越来越新颖的其他类型的电视节目来说，读书类节目的形式还是非常呆板、单调的。比如中央电视台改版后的《读书》节目，2012 年因为莫言获诺贝尔文学奖而推出了中国当代作家作品系列节目。其中有一期关于贾平凹《废都》的讨论，还邀请了中国社会科学院和北京师范大学的著名学者。其实节目嘉宾、讨论内容本身的高度与深度还是不错的，但就是因为表现形式太过单一，使得节目的传播效果并不理想。三人团座，开始问答式或者补充式的聊天，聊天内容并没有严格的逻辑，从小说当年的轰动效应、现实意义、语言性、小说特色，到与明清小说的模仿对接、对现代知识分子的折射等，话题并没有明确的主线；同时没有利用电视的声画优势来更明晰地介绍作者和小说情节，观众在冗长的 25 分钟时间内听到的是严肃的说教与谈话。这样的节目并没有发挥出电视多样化元素的优势，自然不能实现最佳的传播效果。除此之外，电视读书类节目的画面感也不够丰富，使观众每次的观看体验都如出一辙，得不到新鲜的视觉刺激。

所以，重新定位电视读书类节目是至关重要的。电视读书类节目往往会走两种路线：一种是具有思想性和学术性的精英知识分子路线，节目往往非常学术化，严肃且富有人文气息。第二种往往定位为大众化、娱乐化的大众路线，节目很难让人感觉到品位。因为没有更为专业的调查和研究，所以电视读书类节目很难找到一种兼具阳春白雪和下里巴人的节目形式——既贴近人们的生活，又富有知识性和思想性。

有学者认为，读书类节目是一个意图为电视屏幕营造精神净土的节目，在媒体迎合受众媚俗成风的时代，应该用读书节目引导受众、影响受众的精英意识。这是

---

① 邢虹文：《电视与社会——电视社会学引论》，学林出版社 2005 年版，第 148 页。

无可厚非的，是值得赞赏的。所以说电视读书类节目应该在精英与大众之间找寻一个最佳的定位，使其既有高品质的定位，又能得到受众的青睐。

一档电视读书类节目，知识性、文化性、大众性、服务性、贴近性等因素固然重要，但可视性是该类节目赢取收视、满足受众需求的重要前提。失去了可视性，电视读书类节目就失去了电视传播的视觉优势，要么是程式化、封闭、呆板的学者漫谈，要么是枯燥无味、一板一眼的单向灌输。电视读书类节目应该凭借自身的媒介特色，用各种声画表现手段实现传播目的。它与传统读书形式的区别就在于电视有独特的表现手段，包括配音、音乐、音效、特技、演播室、主持人、三维动画等多种因素。综合运用这些电视化的表现手段可以在增强节目可视性的同时吸引观众的眼球。

在目前仅存的 6 档电视读书类节目中，凤凰卫视的《开卷八分钟》是做得较为成功、定位非常明确的一档节目。每期只有 8 分钟，节奏快，信息量大。在短短 8 分钟的时间里，让观众一目了然地接触到其推荐的图书。通过观看节目，观众可以轻易地明白，哪些书值得好好品读，哪些书则没必要浪费时间。

（二）节目主持人要形成品牌效应

我国电视读书类节目大体上传播影响力不够，难以形成品牌节目。俞虹这样定义传播影响力："传播内容到达后的效果以及其再释放能力和结果，是收视者完成收视行为后节目对个人和社会实际生成的影响力度。"①电视节目品牌化到底能带来什么收益呢？在美国，据统计，凡是在《奥普拉书友会》推荐过的图书，都可以多卖出 50 万册以上。节目的成功很大程度上依赖于主持人个人的魅力。奥普拉是一个从小博览群书、有着深刻思想的主持人。在节目中，她能够充分和作者以及观众互动，并且深入到文学当中，深得受众的信任。主持人的名人效应和节目的品牌效应使得奥普拉推荐的书都可以成为畅销书。对比国内的读书类节目，之所以我们无法形成主持人品牌效应，是因为缺乏博览群书且常年有良好阅读习惯的主持人，无法号召观众，更无法产生传播影响力，从而制约了节目的发展。

作为电视读书类节目的主持人，尽管深厚的文化底蕴和渊博的学识是他们最基本的要求，但一个人具有了深厚的文化底蕴，并不一定能成为一个主持人。如果这样的话，名牌大学的文史教授就都可以做主持人了。比如金庸先生，他面对公众时，语言表达极其内敛甚至词不达意，这样的语言表达是不能胜任主持人工作的。除了流畅的表达，其实作为一个主持人，更为重要的要求是极具个性的主持方式。这个要求最直接的体现就是表达的个性化。很多读书类节目主持人仅仅是复述节目内容、照本宣科，这样的表达方式远远达不到个性化的表达要求，自然难以吸引观众。

---

① 俞虹：《分众时代电视社会影响力分析》，《中国广播电视学刊》2004 年第 1 期。

在电视读书类节目形式并不多样的状况下，主持人在节目中起着重要的桥梁作用，有着不可取代的地位，甚至可以说主持人的好坏，直接决定了节目的成败。“电视节目走到今天，主持人首先要以人格面对广大受众，接受人们的品评；必须用坚实有力又富有个性色彩的人格去面对广大受众，塑造形象。”[①]综观国内外优秀的电视节目，主持人在其中往往是灵魂，其中大部分节目的名称包含着主持人的名字。读书类节目也是如此。美国脱口秀女王奥普拉主持的《奥普拉读书俱乐部》、法国毕沃主持的《毕沃读书》都在各自国家拥有大量的忠实观众，并且常年保持着高收视率。我想如果不是主持人的明星效应，这两档节目根本无法保持常青藤的效果。在我国读书类节目中，中央电视台的李潘、凤凰卫视的梁文道是极具个人魅力的主持人，节目因为他们的个人魅力而变得有看点。总结上面的例子我们不难看出，电视读书类节目主持人的个人学识修养和人格魅力在很大程度上决定着这个节目的品位和内涵。

所以作为主持人，尤其是电视读书类节目的主持人，首先要有渊博的知识，在政治、经济、文化、社会学、文学甚至体育、科技等一系列学科当中没有知识短板，有着良好的教育背景。比如梁文道，哲学专业毕业，思维敏捷，逻辑清晰，具有深厚的文化积淀和内涵。他在节目中采用的是一种平民化的视角，用通俗的语言、形象的比喻，从一本本让我们望而却步的图书中提炼出精彩的观点。在诙谐幽默中把深刻的学问和严肃的历史用一种故事性的方式讲述出来，使节目有了更多的趣味性，大大提高了观众的兴趣。同时主持人也随时结合自身的生活感悟进行点评，让人觉得真诚可信。

其次，主持人也要有丰富的人生阅历和智慧。主持人不是读读前言、目录，念念图书梗概，而是能够针对不同的内容，结合自己的生活经历、人生感悟，得到一些可以和观众分享的读书体会。当然一个人不可能是百科全书式的专家，但至少应该阅读量大、有着丰富的人生感悟和责任心，只有这样，才能在文化性很强的读书类节目当中，发挥出别人不可取代的优势，推动节目的发展，成为节目的名片。

我国电视读书类节目走过了曲折艰辛的道路，依然没有在竞争激烈的电视媒介中形成成熟的发展模式，依旧面临着较为严峻的挑战和较为艰辛的改革创新任务。不管是时代的需要还是国家文化建设的需求，观众期待着内容新颖、形式多样、内涵丰富的电视读书类节目涌现出来。大众传媒也需要一些具有文化引领性的节目出现，能够带动电视媒介在文化传播方面有一个健康良性的发展。我们期待着。

（作者单位：中国传媒大学播音主持艺术学院）

---

① 张骏德：《当代广播电视新闻学》，复旦大学出版社 2001 年版，第 200—211 页。

# 电视节目跨界主持人浅谈

## ——从中央电视台2014年春晚谈起

苏　红

在中央电视台2014年马年春晚的主持人团队中，有一位“新”面孔出现在了观众的面前，那就是著名演员张国立。说相声出身、当演员成名的张国立主持春晚无疑为这一届马年春晚增添了新的亮点。“好，呵呵呵，几位老主持人的定场诗说得真是太好了，现在该我这新主持了啊，呵呵，我很紧张，练了很长时间了……朱军啊，你听听是不是这么回事啊……”张国立的马年春晚“首秀”就这样以朴实的话语开始了，自然简单的串联也为他接下来的发挥奠定了良好的基础。由于是相声演员出身，张国立拥有良好的语言功底，而多年的影视表演经历也帮助他在舞台上灵活机智，状态松弛。综观整场春晚张国立的表现，他顺利完成了主持任务，也“hold”住了全场。但我们不能忽略的是，张国立并不是科班主持出身，而是跨界担纲，这就让人们不得不联想到如今的跨界主持现象。尤其近两年，跨界主持呈现出“井喷”之势，如歌手田震主持安徽卫视的《我为歌狂》，风格特异；胡海泉主持湖南卫视的《我是歌手》，表现不俗，还在节目中误将“两个字”说成了“两个zhi”，以后干脆将错就错，将其作为自嘲的笑料，受到了观众的极大关注。

“节目主持人”这一称谓起源于西方，在我国出现于20世纪80年代。1963年，北京广播学院(现中国传媒大学)正式招收播音专业学生，从此开启了我国播音主持的专业教育之门。伴随着我国开设播音主持专业高校数量的不断增加，广播电视一线也涌现出了大量的主持人，他们往往受过专业的训练，拥有良好的语言表达能力、艺术素养以及思维水平。但是，也不乏一些并没有接受过播音主持专业教育或训练，但却在播音主持岗位上表现不俗的主持人，如我国著名的新闻节目主持人白岩松等，而临时“跨界客串”的主持人同样表现不俗，引起了业界专家及受众的注意。所以，我们有必要对当今流行的“跨界主持人”进行思考和探索，从而使“跨界主持人”更好地丰富主持人队伍，更好地服务受众，引领受众的生活风尚。

## 一、何谓跨界主持人

何为“界”,“跨界主持人”中的“界”又是如何界定的？研究“跨界主持人”,我们有必要先从字面上对“跨界”二字进行解释。根据《现代汉语词典》的释义,“跨”的意思为“超越一定数量、时间、地区等的界限”(跨有多种意思,结合本文讨论的内容,我们只选择了合适词义,下同)。“界”有“界限”之义,如“地界”“边界”等;“界”还指一定的范围,如“眼界”“管界”。[①] 因此,从字面上来看,“跨界主持人”可以解释为超越一定的界限(行业、专业、门类等)进行节目主持的从业人员。但笔者认为,“跨界主持人”中的“界”有着更为广泛的内涵。我们知道,播音主持工作具有艺术属性,是一种艺术创作活动,因此,从这一角度出发,我们可以称从非艺术领域(或艺术领域的其他艺术门类)转而从事播音主持工作的从业者为“跨界主持人”;播音主持工作还具有新闻属性,是一种新闻传播工作,那么,也可以将这里的“界”理解为新闻传播领域,即从非新闻传播领域转而从事播音主持工作者,也可称之为“跨界主持人”。当然,主持人依托于具体的节目而存在,因此,节目类型也可以理解为我们所讨论的“界”,即主持新闻节目的主持人转而主持一档综艺节目,也为一种形式的“跨界主持”,反之亦然。通过上面的讨论,我们不难看出“界”的内涵是广泛的、多样的,可以从宏观上去把握,也可以从微观处去理解。

## 二、我国跨界主持人产生的历史背景

电视节目主持人诞生于20世纪60年代,“电视界、学术界一致公认克朗凯特是西方电视节目主持人的开拓者和‘第一人’”,[②]随后,英国、法国、日本等国的电视机构陆续开启了自己的“电视节目主持人”时代。我国的电视节目主持人萌芽于20世纪60年代,80年代日趋成熟。1981年7月28日,中央电视台《北京中学生智力竞赛》节目播出,赵忠祥担任节目主持人,这也是第一次在电视屏幕上出现“主持人”这一称谓。[③] 随后,全国各地电视台推出了不同的主持人节目,同时也出现了更多的电视节目主持人,如中央电视台的沈力、上海电视台的陈燕华等,这标志着我国的电视节目主持人进入了前所未有的快速发展时期。

伴随着我国电视节目主持人的诞生与发展,跨界主持人也逐渐出现。在1983年中央电视台的第一次春节联欢晚会中,电影演员刘晓庆就跨界做起了主持人,其

---

① 《现代汉语词典》(第6版),商务印书馆2012年版,第481页。

② 王维林:《初识主持人》,中国广播电视出版社2003年版,第41页。

③ 王维林:《初识主持人》,中国广播电视出版社2003年版,第43页。

在春晚中的朴实表现也给观众留下了深刻印象。20世纪80年代初期，由于受到节目数量、主持人人数等方面的限制，跨界主持人也只是初露端倪。进入90年代，我国电视事业快速发展，专业院校的毕业生等一批专门为电视节目培养的专业主持人大量涌现，如湖南卫视的李湘、中央电视台的敬一丹等。此时，跨界主持人虽然得到了一定的发展，但无论是数量还是知名度，这一时期的跨界主持人都远远低于专职主持人，主持样态也摆脱了本行业的色彩，从表演状态进入到了主持状态。[①] 2000年以后，跨界主持人队伍逐渐庞大，在多类节目中都能见到跨界主持人的身影。近几年，跨界主持更是成为行业内的热点。2012年3月，优酷网出品的一档脱口秀节目《晓说》便由著名音乐人高晓松主持；2013年8月，著名歌手韩红担纲天津卫视《军歌嘹亮》主持人；2015年4月，著名演员、赛车手林志颖主持的《超级演说家》也于安徽卫视完成首秀。近些年来，著名主持人跨界主持其他类型节目的现象也屡见不鲜，如新闻类节目主持人邱启明主持湖南卫视婚恋交友类节目《我们约会吧》；中央电视台资深财经访谈主持人陈伟鸿主持美食真人秀类节目《味觉大战》等。跨界主持的"井喷"现象促使我们不得不重新思考"主持人"的定义。

## 三、跨界主持人的自我策划

归根到底，跨界主持人从事的是节目主持工作，所以，其首先应当具有主持人的基本素质，如"较高的政治素质、较强的理论政策水平、良好的新闻素养、深厚的文化功底、扎实的语言基础"[②]等，但跨界主持人又有其特殊之处，即并非专业出身。这是劣势，但也是优势，因此，跨界主持人如何扬长避短，如何利用"跨界"身份更好地服务节目和受众，值得我们思考。

### （一）结合自身擅长领域，针对节目找到完美切入点

一般而言，比起科班出身的主持人，跨界主持人在主持人的基本素质方面不具备明显的优势和竞争力。良好的语言基本功的养成、主持意识的培养与锻炼、政策理论水平的积累与提高都非一日之功，跨界主持人必须另辟蹊径，客观分析自身条件，准确定位，方能取得良好的效果。从歌手胡海泉主持《我是歌手》、田震主持《我为歌狂》，我们不难发现，两名歌手都是音乐类节目主持人，虽然说从歌手到主持人算得上是一种"跨界"，但两者又都与音乐有着紧密的联系。科班主持人也许更擅长节目的串联及驾驭，更懂得现场气氛的调节，但对音乐的理解和感受是有限的。

① 裴哲：《电视节目"跨界主持人"现象研究》，《新闻爱好者》2011年第1期。

② 吴郁、李金荣：《电视节目主持人的综合素质研究》，中国广播电视出版社2007年版，第3页。

因此，歌手主持音乐类节目，往往会对音乐的节奏、旋律、精神实质等把握得更加到位，更显游刃有余。当然，两位歌手在具体的主持实践过程中也备受争议，有网友调侃说田震的嗓音更适合唱歌，胡海泉因误读字音意外获得昵称“智哥”，但两位在节目中的精彩表现以及对音乐的独特感受与理解是不容忽视的，这些潜在因素无疑增强了节目的效果。

主持人是连接节目和受众的“纽带”，在双方之间架起了一座“桥梁”，要想在节目与受众之间游刃有余，主持人就应该具有广博的知识，具备较强的驾驭话题的能力。与此同时，主持人若能在某一领域有较为深入的研究，则更能帮助其在节目中有出色的发挥。曾有学者指出，“主持人的知识结构可以用英文字母‘T’来形容”，[①]即指主持人的知识既要广博，同时也要有“专攻”。所以，从主持人应具备的知识结构来分析，跨界主持人在自己原来的专业领域上具备一定优势，可以成为其跨界主持的切入点。

### (二)找准风格定位，彰显个性魅力

时代在发展，社会在进步，电视节目主持人呈现出风格多元化的发展趋势。千人一面的主持风格容易令观众产生“审美疲劳”。受众希望主持人能够在节目中彰显自己独特的魅力，体现出一定的个性风格。从这一层面分析，跨界主持人应该充分利用自身优势，挖掘自身潜能，找准自身风格定位，而不能刻意模仿所谓的科班主持人，导致顾此失彼，找不到自己的核心竞争力。

一方面，电视观众是“挑剔”的，因为他们对节目品质提出了更高的要求；另一方面，电视受众也是“包容”的，不会因为主持人的一次口误或某些不足而对其“穷追不舍”“揪住不放”。理性的观众会从更为全面的角度来判断。这种认识及审美习惯的变化将有利于电视主持人队伍吸收跨界主持人入伍。其实，无论是科班还是跨界，只要主持人与节目的风格定位相符，能够在节目中彰显自己独一无二的个性和魅力，能够抓住观众的审美及收视需求，那么，他们都可能受到观众的认可和欢迎。我们认为，科班主持人与跨界主持人的界限将逐渐变得模糊，今后在主持人的行列中也许会出现越来越多的跨界主持人。

（作者单位：中国传媒大学播音主持艺术学院）

---

① 於贤德:《主持人策划与创新》，华中科技大学出版社 2005 年版，第 283 页。

# 浅析娱乐资讯类节目审美性的提升策略

李　欣

娱乐资讯类节目从 20 世纪 90 年代起在我国兴起，至今已发展 20 余年。在不同节目类型的发展都趋于成熟的今天，娱乐资讯类节目存在着各种各样的问题，因此，提升娱乐资讯类节目的审美性迫在眉睫。要全面提升审美性，就要从前期节目策划（包括节目内容的选择、节目结构的设置、节目场景的布置等）到节目主持人语言形象（包括有声语言的表达和无声语言的表现）都共同提高才行。

娱乐资讯类节目就是以明星为对象的信息类节目。[①] 如今的娱乐资讯类节目由早期的文化信息发展而来，中间经历了娱乐新闻阶段，最终发展成为娱乐资讯。早期的文化信息附于新闻节目后面，在内容和形式上都倾向于新闻。而后，发展到娱乐新闻阶段，娱乐新闻在内容上已经开始关注明星生活和八卦等。如今的娱乐资讯和娱乐新闻相比，更多的是从“内容”娱乐向“形式”娱乐的转变，注重运用一些包装手段，达到娱乐化的效果。当然，每一档娱乐资讯类节目在内容娱乐和形式娱乐方面所占比例不尽相同。总而言之，娱乐资讯类节目是娱乐新闻自身发展需要的选择。[②]

## 一、关于娱乐资讯类节目的审美性

娱乐节目已然成为人们日常生活中不可或缺的一部分，娱乐资讯类节目作为其中重要的一种类型，在给受众带来轻松和快乐的同时，也满足了人们对于明星生活窥探的心理。如今，娱乐资讯类节目可谓风靡我国各级电视台，但此类节目也存

---

① 魏佳：《消费社会背景下娱乐资讯类节目剖析》，《湖南大众传媒职业技术学院学报》2006 年第 1 期。

② 种翀：《从娱乐新闻到娱乐资讯类节目——论中国大陆娱乐资讯类节目的问题和出路》，南京师范大学硕士学位论文，2007 年。

在着各种各样的问题和短板。面对这样的现状，提升此类节目的审美性已刻不容缓。

审美是艺术的天性，电视艺术生产作为一种审美活动，是按照美的规律和特点来创作具体、生动、感人的艺术形象，描绘和反映社会生活的本质及人性的真谛，表达艺术家的思想情感的审美创造活动。[①] 娱乐资讯类节目的审美性主要体现在前期的节目策划、播出时节目主持人的语言形象及其过程中涉及的关键要素，主要包括节目内容的选择、节目结构的设置和节目场景的布置，以及主持人有声语言的表达和无声语言的表达。具体来说，在当前的语境中，电视娱乐资讯类节目审美性既要满足人们视觉上的审美认知，即节目场景吸引眼球，又要使节目的内容新颖独到、雅俗共赏，而且主持人的主持语言和风格也要独一无二、风趣幽默。

## 二、为何提升娱乐资讯类节目的审美性

几乎每一档节目的流程都是从前期设计节目的场景、采编节目内容开始，到节目播出时通过主持人的有声语言将节目内容和精神传达给受众的。一档节目若要具有审美性，这过程中的每一个环节都至关重要。然而，当前的娱乐资讯类节目还存在着各种各样的不足，尤其在服务受众方面做得还很不到位。

### （一）娱乐信息同质化损害娱乐资讯类节目审美性的根基

所谓“内容为王”，对于新闻节目来说，“内容”就是核心。娱乐资讯类节目从娱乐新闻发展而来，其核心竞争力也是“信息”。然而，我国娱乐信息的获取渠道匮乏，媒体关注的视角单一，这造成了各娱乐资讯类节目的信息同质化现象异常严重。例如，在一次北京大学生电影节的报道上，娱乐媒体全都关注邓超携《分手大师》剧组亮相的新闻；再如巩俐在戛纳走红毯、黄海波嫖娼、杨幂生子等。娱乐节目关注的娱乐事件过于单一，甚至报道的角度和语言都惊人的相似。既然各个节目之间几乎没有差别，节目审美性的根基也就荡然无存，又何谈收视率和观众的忠诚度？

### （二）主持人风格趋同化影响娱乐资讯类节目审美性的呈现

俗话说，每一档成功的节目总会打造出几个成功的主持人，提到综艺娱乐节目我们会想到汪涵、何炅、李湘、朱丹等，提到新闻评论节目我们会想到白岩松、窦文涛等，就连提到最不易展示个性的新闻播报类节目我们也会想到康辉、海霞、文静

---

① 张蓝姗：《重构电视节目综合评估体系——审美评估指数的提出与构建》，《现代传播》2013 年第 9 期。

等,而对于娱乐资讯类节目的主持人似乎找不到具有代表性的。即便是《娱乐无极限》的主持人杨乐乐和《每日文娱播报》的主持人李湘也不是因为这两档节目而被观众所熟知的。由此看来,我国目前娱乐资讯类节目主持人风格的趋同化问题也十分严重。

### (三)提升娱乐资讯类节目审美性能够满足受众的心理需求

如今的电视节目都会将满足受众的心理需求放在第一位,即受众本位。“使用与满足”理论认为,许多受众在接收大众媒体传播信息之前就已具有一个先入为主的愿望,这种愿望促使受众有选择地接收能够满足自己愿望的信息。[①] 该理论强调的是受众的地位,即电视节目只有迎合受众的心理需求,才能够吸引受众。

电视娱乐资讯类节目主要从两个方面迎合受众的心理需求。其一,在快节奏的生活中,为受众带来轻松和愉快的心情;其二,明星的头顶上永远都会有光环,吸引着大众的眼球。明星们每天的动态及其新闻满足了受众的猎奇心理。这两个方面也是娱乐资讯类节目与生俱来的优势。

### (四)提升娱乐资讯类节目审美性能够提升受众的审美品位

娱乐资讯类节目是在消费社会和娱乐文化的背景下诞生的,加之受众的文化水平、道德水平有着较大的差异,所以很容易出现对低俗娱乐的追求。面对这一现状,娱乐资讯类节目不能一味地迎合受众娱乐至上的心理需求而传播低俗、庸俗和媚俗的内容,一定要有正确的准则和初衷,履行好自身应该担负起的责任和使命。因此,娱乐资讯类节目要以精良高尚的节目内容来提升受众的审美品位,使受众不再期待通过低俗的娱乐内容得到浅层心理上的放松和快感,而是期待从高雅的节目内容中得到内心的净化和灵魂的升华。

娱乐资讯类节目乃至整个综艺娱乐节目的制作者都应反思是否尽到了电视人应承担的责任。当然,每一档电视节目都是文化商品,追求经济利益是无可厚非的,但不能因此而毫无底线,绝不能以牺牲职业道德和社会责任为代价。

## 三、提升娱乐资讯类节目审美性的策略

随着娱乐资讯类节目的发展,这类节目存在的问题越来越受到人们的关注。节目内容平面化、同质化已经成为电视娱乐资讯类节目最为普遍的两个问题。在提升电视娱乐资讯类节目的审美性迫在眉睫的情况下,笔者从前期节目策划和节

① 刘萍:《真人秀电视节目受众心理分析及应对策略》,《文化学刊》2010年第5期。

目播出时主持人对节目内容的呈现两个方面进行阐述。

(一)节目策划是提升娱乐资讯类节目审美性的前提

1. 节目内容的选择是提升电视娱乐资讯类节目审美性的核心

内容对于任何一档节目来说都是核心竞争力。如果一档节目在同类节目中能够标新立异、独树一帜,又何愁没有收视率?然而,对于电视娱乐资讯类节目来说,现实是残酷的。从《每日文娱播报》不断变化的宣传语便可以看出,要想做到与众不同,实属不易。从“强调独家内容、独特视角、独到观点”到“娱乐价值发现者”,再到现在的“搜尽天下娱乐”,可以说几乎每一档电视娱乐资讯类节目都没有独家新闻。而且,电视娱乐资讯类节目多为日播节目,讲求时效性,所以节目内容几乎都是最近一两天内所发生的事情,这也是造成其同质化的原因之一。例如 2014 年 5 月 16 日《每日文娱播报》和《新娱乐在线》的重复资讯包括:黄海波涉嫌嫖娼被拘留;巩俐参加戛纳电影节;《虎妈猫爸》赵薇阔别电视剧 6 年;姚晨为小土豆愿退居二线。对于内容同质化的现状,并非没有解决之道。一方面,节目组对于同一事件的关注点要新颖,《新娱乐在线》在报道《虎妈猫爸》的发布会时除了关注赵薇,更用大量的篇幅介绍了董洁:一年前董洁出轨,与《虎妈猫爸》中饰演的纯洁形象充满违和感;还介绍了她在发布会现场情绪不高等表现。这就是关注角度的独树一帜,各娱乐资讯类节目应该力求这样的无竞争空间。另一方面,节目组也可以借鉴一些类似网络娱乐节目的形式,例如爱奇艺娱乐评论脱口秀节目《娱乐猛回头》,每集 10 分钟,以睿智、辛辣、犀利、幽默著称,令观众爆笑的同时知晓天下事。

2. 节目结构的设置是提升娱乐资讯类节目审美性的逻辑要求

一档节目的结构设置体现了制作方在节目编排方面的内在逻辑。对于电视娱乐资讯类节目来说,最忌讳每条资讯的时间相仿、详略一致,以及节目间的编排顺序混乱。具有审美性的电视娱乐资讯类节目从结构编排上来说,板块设计要丰富而不庞杂,脉络要清晰,做到详略有别。例如时长 22 分钟的《中国娱乐报道》节目分为四个板块。第一个板块:娱乐关键词 HOT3。这一部分时长为三分半钟,选题主要从微博的热门话题排行榜中选择,全部由画外音来介绍事情的来龙去脉,特点是语速跳跃轻快,语气搞怪幽默,语言时尚诙谐。第二个板块:头条。这一部分为 15 分钟左右,选择 4 条左右的娱乐事件进行详细的解读。第三个板块:娱乐资讯站。这部分大约一分半钟,用画外音和同期声的表现手段简单介绍两则娱乐事件。第四个板块:音乐风云榜榜单。这部分 2 分钟左右,从低到高介绍榜单前七名的歌曲,这部分只是一首歌挨着一首歌播放,没有主持人出境,也没有画外音和同期声。《中国娱乐报道》作为我国娱乐资讯类节目的始祖一直在与时俱进,虽然也存在着一定的问题，例如主持人话语衔接生硬、后期剪辑有些粗糙等，但整体来说这档节目在目前我国娱乐资讯类节目的大海洋里，可谓是为数不多的能够真正做到信息丰富独特、风格幽默的娱乐资讯类节目。

3.节目场景的布置能够提升娱乐资讯类节目的视觉审美性

娱乐节目为了达到其休闲、娱乐、审美的目的，在场景设计和道具利用方面需更具视觉诱惑和吸引力。电视媒介担负着新闻、教育、娱乐的社会责任，因此电视美术工作人员在设计布景时也以此为指导原则，常用一些造型简单、色彩调和的表现方式来满足观众的视觉需求。而今，面对频道的竞争压力，电视节目布景设计必须结合片头、内容、摄影机镜头画面考虑，将具有现代感的造型、鲜艳的色彩、流行感的材质运用到布景设计上，甚至于塑造一种近乎实验性的创新风格，以吸引愈趋集中的小部分观众。

娱乐资讯节目一般要营造轻松八卦的娱乐氛围，信息庞杂，集纳图片、视频等形式，因此娱乐资讯类节目的场景设计是增强节目观众辨识度的重要方面。要注重流行元素的呈现，例如道具要居于显著位置，要时尚化等，都是需要其考量的因素。娱乐资讯类节目的场景布置大致分为实物场景和虚拟场景两类。虚拟场景通常是指虚拟演播室，它的实质是将计算机制作的虚拟三维场景与电视摄影机现场拍摄的人物图像进行数字化的实时合成。在电视台普遍面临栏目内容和形式创新的今天，虚拟现实技术日趋重要。它可以在同一个场景中制作各种不同的节目，其背景的转换瞬间就可以完成；它可以制作出以前因经费和技术的限制而无法实现的场景。此外，近几年来，根据节目内容可以不断翻新的"资讯墙"越来越受到娱乐资讯类节目的青睐。从主持人身后的大屏幕到虚拟背景墙的大量运用，都凸显了此类节目信息化、开放化、速食化的需求。

(二)主持人语言是提升电视娱乐资讯类节目审美性的关键

1.主持人有声语言的表达使电视娱乐资讯类节目审美性最优化

(1)主持语境制约和规范节目主持人的有声语言

语境是人们使用语言过程中所依赖的环境。[1] 不同语境中的同样一句话在意思上会有很大的差别。因此，要根据语境的不同调整语言的内容，俗话说"一句话，百样说"，"到什么山唱什么歌"就是这个意思。对于节目主持人来说，主持语境制约和规范着节目主持人的有声语言。因此，语境分析对主持人有声语言的把握至关重要。从广播电视基本语境因素分析，可以从传播者的角色、受众及传受关系、

---

① 陈晓鸥：《广播电视语境研究》，中国传媒大学出版社 2013 年版，第 1 页。

时间和空间三个方面对电视娱乐资讯类节目进行分析。

第一,传播者的角色。在广播电视中,主持人分为“大我”和“小我”。“大我”是一种社会角色,是传播者,对于娱乐资讯类节目来说就是娱乐提供者。“小我”是指传播主体也是由一个个有思想、有感情、有个性的人组成的,表现为传播个体的“自我”特点,即主持人既要是一个娱乐信息的传播者,负责提供信息和给观众带来快乐,又要有自己的风格,在相同社会角色的任务当中打造自己独特的风格。

第二,受众及传受关系。播音员主持人在“说什么”“怎么说”时都要考虑受众的特点。娱乐资讯类节目的受众主要是80、90后热爱娱乐、喜欢八卦的年轻人,语言内容一定要是新近发生的有八卦点的娱乐新闻事件,语言方式也要采用年轻人喜爱的时尚轻松的潮流语言样式,好像在与他们进行面对面的交流一样,只有这样才能吸引受众,让他们成为忠实的粉丝。

第三,时间和空间。时间是选择新闻事件的评判标准之一,优先考虑新近发生的事件。时间也是调整播音员主持人交流心态的依据。一天之中,在不同的时间人们的生活状态也会有所不同,因而,在不同时段与受众交流必然要考虑这个时段目标受众的状态是怎样的,是刚起床,还是饭后休息,等等。电视娱乐资讯类节目的播出时间主要集中在傍晚6点左右。如《娱乐星天地》17:00(周六、周日17:30)至18:00,《娱乐百分百》18:00至19:00(周一至周日),《娱乐乐翻天》17:55至18:30(周一至周五)。这个时候学生下课回到家准备吃饭了,上班族也下班了,大家结束了一天的学习和工作,准备吃晚餐,这时候主持人的语言状态必然是轻松愉悦的,给疲惫的受众带去一份精神食粮。空间是指播音员主持人录制节目现场的空间,是室内还是室外。空间的不同会造成传播者音量的不同、语言方式的不同。同时,还要明确播音员主持人所处的真实空间和受众看到的呈现空间不同,比如录制现场有许多观众时,受众看到的镜头中却是你在对着他一个人说话,这时就要把真实空间和呈现空间的区别研究明白。对于电视娱乐资讯类节目来说,真实空间就是演播室,呈现在受众眼前的是两位主持人的中近景,因此要努力营造出与受众亲切交流的语境。

(2)主持词是主持人有声语言表达的基础

主持人在娱乐资讯类节目中的话语比重并不大,但要起到串联的作用,负责推进节目和活跃气氛。

娱乐类节目最根本的审美性是娱乐性。娱乐资讯类节目需要在传达娱乐信息的同时,还能让受众在紧张的工作、生活之余感到身心的愉悦,这样才能吸引受众,赢得收视率。因此,娱乐资讯类节目的主持词要接地气,要像面对面的日常生活中的交流,所以更需要口语化,不需要像晚会主持词那样有很高的文学造诣,也不需要运用大量的排比、对偶等手法。另外,娱乐资讯类节目的受众大多为年轻人,因此，节目主持词可以多用些网络流行语以增添节目的时尚感。最后，夸张和比喻等修辞手法也是必备的，因为这样的手法常常带来娱乐效果。娱乐资讯类节目主持词的创作具有以下特点：

第一，口语化。因为面向的受众是来自全国各地、处于不同社会阶层、文化背景迥异的人，所以为拉近与观众的距离，主持人选词造句应口语化。例如《娱乐无极限》节目中的一段主持词：

> **杨乐乐：**我们的"超级女声"在拍宣传片时，都会给我们带来一些惊喜。上一次是刚柔并济的复古风格，那么这一次她们是彻底地玩了一把帅气。刚才我听谭维维说，她们每个人的装束都好像是《沙斯比尔》里的女主角，舞技高超，而且还在这个"红外线"里爬来爬去、翻来翻去。

"玩了一把帅气""爬来爬去、翻来翻去"都体现了主持词的口语化。

第二，流行语的使用。流行语的使用有时候能反映一档节目的风格。《娱乐无极限》中流行语的使用就能体现出其节目定位比较前卫和时尚。

> **杨乐乐：**呵呵，我还以为是"忍者神龟"呢！其实，我也在纳闷：为什么女孩子现在都喜欢男孩子的运动？除了赛车之外，我们的"超级女声"还有两位选手参加了我们台的大型户外节目《我是冠军》。一个是光子，另外一个就是付静。付静虽然看上去比光子身板结实，但她其实还是一只对这种户外节目没有太多经验的"菜鸟"！

"忍者神龟"和"菜鸟"等词语主要流行于80、90后之间，其幽默效果也只有在他们面前能达到最优化；同时，这些流行语也使节目的审美性得到了提升。

第三，夸张和比喻的修辞。在娱乐类节目中，夸张手法的使用，一方面是为了增强节目的戏剧性，另一方面则是为了吸引更多的观众。节目主持中恰到好处地使用比喻，能使主持显得更加生动，也能使现场气氛更加活跃。例如2014年5月16日的《中国娱乐报道》在播放完吴京与谢楠的宝宝的同期声之后，主持人李程远的一段主持词：

> **李程远：**这个宝宝以后一定活泼开朗。你想啊，爸爸是动作巨星，妈妈是金牌主持，这个宝宝太可怕了，以后呢，一方面是无坚不摧，一方面是无所不聊，我是打不过他，我也聊不过他，真的，太极致了。

这里先是用反语说这个宝宝太可怕了，接着又用夸张的手法说宝宝“无坚不摧、无所不聊”，“我是打不过他，我也聊不过他”。

(3)主持人的个性化特点和独特风格有助于展现节目内容

主持人经常会成为一档节目的亮点，甚至成为节目的标志性人物。例如《非诚勿扰》的主持人孟非让节目大放异彩，再如《春妮的周末时光》就是以主持人徐春妮的名字命名的，即用主持人来吸引观众。这两位主持人都有着自己独特的个性和风格，是不可替代的。但在电视娱乐资讯类节目领域里却很难找到这样的主持人，因此，要注重打造主持人的个性化特点和风格，使之与节目风格相得益彰，最终提升节目的审美性。

首先，要想提升节目的审美性，轻松幽默的风格是必然要求。谈话的方式是娱乐资讯类节目最常用的话语样式，也只有这种方式能营造轻松的氛围。试想用播读《新闻联播》的宣读方式去主持《娱乐无极限》，受众会觉得很怪异，同样，使用朗诵和讲解的方式更会使人产生距离感。当然，对于《每日文娱播报》这类单人主持的节目，主持人要注意与“观众”聊起来，《娱乐无极限》《中国娱乐报道》这类有两位主持人的节目可以在主持人之间形成互动，同时也要注意与“观众”形成谈话场。这里的“观众”之所以带引号，是因为观众大多不在现场，主持人要做到心里、眼里时时刻刻有观众，这样语气和情感才是流动的，才会丰富多彩且具有变化。

《娱乐无极限》的主持人杨乐乐和彭宇两人不断在节目中抖包袱，时不时让观众开怀大笑，这是娱乐节目主持人的必备语言功力。可以用幽默的语言，可以大方自然，由内而外，调侃自己、搭档或事件本身，才能真正达到娱乐效果。

> **彭宇：**你演比尔嘛！哈哈。好，其实她们这个宣传片真是太帅了，帅到“掉渣”……再帅就不帅了。帅到彭宇的平方加立方，杜海涛的 n 次方。看完这条新闻，你就知道“超级女声”究竟有多帅了！

当然，调侃也要有度，过了就成了贫嘴，会让观众感到厌烦。因此，要把握好其中的度。

其次，要具备亲和热情、夸张时尚的表达方式。研究发现，有两类传播者最易被观众接受，一是“在某一领域中有威望的人”，一是“与他们自己相似的人”。[①] 因此，观众只有觉得播音员主持人也和他们一样是普通人，有跟他们一样真切的感情，他们才会喜欢。也就是要做到想观众之所想，急观众之所急。《娱乐乐翻天》的主持人金于宸和古晓在搭档时就做到了真说真交流。对于他们而言，已经不再有

---

① 吴郁：《主持人的语言艺术》，北京广播学院出版社 1999 年版，第 505 页。

硬生生的主持词了,而是发自肺腑地想要表达。金于宸和古晓两人在主持时一直面带微笑,节奏明快,体态语也十分丰富,有时还会出现“阴阳怪气”的语气,这种方式的恰当运用会为节目增色、加分。

(4)达到主持美学高度,提升节目整体审美性

高鑫先生认为,传播美学主要包括两种审美传播,一是认知美,二是情感美。认知美传播也就是对事实、知识和道理的传播,表现了社会美和知识美,并具有审美的艺术价值;审美性传播活动中常有认知因素,因此传播主体对娱乐新闻等进行播报应该是认知性传播。情感美传播则是传播主体对所传播信息理解、感受后产生的情感,也是对受众内心情绪呼应的结果。感情是真切的,包含着真诚的关心。

美在于真,在于善,在于它需要通过一定的方式去将真与善凝聚,最终形成真善美的和谐整体。通过恰当的声音,真实传播信息,真诚表达情感,真切与人交流,美也就浑然天成了。

2.主持人无声语言的表现能够辅助提升娱乐资讯类节目的审美性

《主持人形象塑造》中写道:无声语言主要分为动态无声语言、静态无声语言、装饰无声语言三类。节目主持人无声语言是有声语言的补充,两者相辅相成,相互促进,相互制约,只有两方面由内而外配合得天衣无缝,才能使传播效果最优化。笔者主要从体态语的运用和服饰的搭配两方面进行阐述。

(1)主持人体态语的运用

第一,表情语。顾名思义,是靠面部的五官和肌肉所表现出的思想感情的一种体态语。笔者认为这是最重要的体态语。试想,镜头可以不表现主持人的手、腿和脚,但绝不能不表现主持人的面部,因为只有通过面部的表情以及嘴里发出的有声语言才能表现其交流感和对象感。美国心理学家艾伯特·赫拉别恩经过试验总结了一个公式,也许能很好地说明面部表情对于传情达意的重要作用。此公式如下:

信息总效果=7%的文字+38%的音调+55%的面部表情[①]

公式中清楚地表现了面部表情的重要性。

人的表情千变万化,伯德惠斯戴尔认为,“光是人的脸,就能做出大约25万种不同的表情。”不同于新闻类节目主持人的含蓄甚至有些严肃的表情,电视娱乐资讯类节目主持人的表情要求丰富甚至夸张,但需要注意在表情丰富的同时,一定要与有声语言协调一致,夸张有度。

第二,身姿语。它是指除手臂外身体动作所传递的有意义的、有意味的信息。[②] 身姿主要分为站姿、坐姿和步姿。电视娱乐资讯类节目中多采用站播的方

① 黄幼民、张卓:《主持人形象塑造》,华中科技大学出版社2006年版,第214页。

② 王朝彦:《主持人语言艺术》,华中科技大学出版社2007年版,第225页。

式，有时候要有些走动。站播对于绝大多数主持人来说并无难度，比如要挺直腰板，表现出精气神等。然而一旦走起来就会出现各种各样的问题，比如手脚不协调、蹑手蹑脚等，因此电视娱乐资讯类节目主持人需要做基本的形体训练。

第三，手势语。手势主要是指通过手和手指的动作变化来传递信息和思想感情。① 同样，与新闻播报类节目不同，娱乐资讯类节目主持人的手势语十分重要。一般手势语会比较固定地出现在开场和结尾，有的主持人会为自己设计开场和结尾的标志性手势。此外，手势语还多会出现在一段话的结尾处，以引出后面具体的内容。还有就是在内容上需要突出、强调的语言，往往也会配合上恰当的手势语。手势语在电视娱乐资讯类节目中可以多运用一些，但绝对不能琐碎，要有节奏感。同时手势要落落大方，幅度要大。

(2)主持人服饰的搭配

服饰也是主持人外在形象的主要组成部分，它直接参与视觉形象的塑造，是一种传递信息、交流思想、塑造形象和有所暗示的无声语言，能起到先声夺人的作用。② 服饰是观众对主持人最为直观的印象，主持人的服饰是否合适得体直接影响到节目审美品位的高低。对于电视娱乐资讯类节目主持人来说，时尚也非常重要。服装总体来说要做到大方、得体、时尚。男女主持人都不要穿正式的西服套装，这样给观众带来的严肃庄重感与娱乐资讯类节目使人感到轻松愉快的本质不协调。另外，装饰品要能起到画龙点睛的作用，在精不在多。比如女主持人戴了耳环就最好不要再戴项链，戴了丝巾就不要再戴发箍等。亮点一两个足矣，多了只会给观众冗杂、混乱的感觉。

---

① 黄幼民、张卓:《主持人形象塑造》，华中科技大学出版社 2006 年版，第 214 页。

② 黄幼民、张卓:《主持人形象塑造》，华中科技大学出版社 2006 年版，第 57 页。

**参考文献**

[1]余小梅:《主持人心理素质》,华中科技大学出版社 2006 年版。
[2]吴郁:《主持人的语言艺术》,北京广播学院出版社 1999 年版。
[3]徐舫州、徐帆:《电视节目类型学》,浙江大学出版社 2006 年版。
[4]陈晓鸥:《广播电视语境研究》,中国传媒大学出版社 2013 年版。
[5]赵伟国:《电视娱乐资讯类节目的现状与问题》,《新闻爱好者》2009 年第 12 期。
[7]宋清华:《虚拟场景在电视节目背景中的应用》,《媒体时代》2012 年第 9 期。

(作者单位:中国传媒大学播音主持艺术学院)

# 关于赛季节目主持人的定位

项伟林

随着我国电视事业的迅速发展，电视节目也在日新月异地更新着。赛季节目经过30余年的迅速成长，尤其是近几年越来越受受众的关注和追捧。鉴于赛季节目的特殊性，本文将就赛季节目主持人怎样明确自身定位并充分发挥主持人的核心作用进行探讨。

## 一、赛季节目的概念及类型

赛季节目是以比赛为主要内容和形式的季播类节目。首先，从播出方式看，赛季节目是相对于其他日常电视节目的播出方式而言的。当前，电视常规节目都采用日播或周播的播出方式贯穿全年，赛季节目也是日播或周播，但它不是贯穿全年的，而是依据竞赛的规则和规定以及观众的收视心理需求来确定赛制和播出时机，从而使观众与电视节目之间形成一种约会意识，培育引导观众的收视习惯。与常年性的节目相比，季播类节目可以避免由于常年播出导致创意不足、受众收视疲劳的现象，容易形成收视高潮。

其次，从播出内容看，与一般的电视节目不同的是，赛季节目由于具有角逐、竞赛的显性特质，因此在具有观赏性、趣味性和互动性的同时，还增加了更多的竞技性、对抗性和悬念性。在节目构成上，它改变了以往由主持人独当一面的传统模式，嘉宾评委和参赛选手的加入支撑起了节目的半壁江山，丰富了节目形式和内容。甚至在很大程度上，评委和选手似乎正在逐渐“冷落”主持人，这也成为此类节目的亮点和看点之一。

目前，赛季节目的类型通常分为歌曲类、舞蹈类和演说类。一直以来，由于音乐在我国有着良好的生长土壤并广泛影响着我们的社会生活，加之大众传播平台的先天优势，特别是近几年，以《中国好声音》《我是歌手》等为代表的歌曲选秀节目火爆，赛季节目越来越引人关注。舞蹈类节目以《中国好舞蹈》《舞林大会》等为代表，也逐渐受到广大观众的喜爱。从目前情况看，舞蹈类选秀节目受欢迎程度还不能与音乐类选秀创造的“收视神话”比肩，这是因为大众对舞蹈的欣赏和接受程度还远不如音乐。如何在同一舞台上对不同类型的舞蹈进行公正的评判，如何让舞蹈走进普通大众的心里，这是此类节目走向成熟和完善必须迈过的坎儿。演说类节目，顾名思义，是区别于歌曲演唱类节目，以演讲、说话为主要特征的语言类节目。安徽卫视播出的《超级演说家》可以说在此类节目中拔得头筹，此外还有《笑傲江湖》等节目，均以语言为主线贯穿节目的始终，在歌舞类选秀节目风起云涌的时代浪潮里，可谓新颖独特。

## 二、我国赛季节目的现状及发展

### (一)我国赛季节目的发展历程

自 1981 年赵忠祥主持中央电视台第一档益智类节目《中学生智力竞赛》，1983 年主持《五四蒲公英青年智力竞赛》，再到现如今遍地开花的各类节目，赛季节目已经走过 30 多年的历史。近几年，从央视到各省级卫视，各类赛季节目“你方唱罢我登场”，堪比古罗马的竞技场，它们在促进广播电视领域快速发展的同时也极大地丰富、充实了社会公众的精神生活。

20 世纪 80 年代是赛季节目的起步阶段，电视作为一个新事物刚刚走进中国社会，因此这个时期的赛季节目比较少，其中有影响力的当属中央电视台已成功举办 15 届的《CCTV 青年歌手电视大奖赛》和上海电视台与日本方面合作举办 10 届的《卡西欧杯家庭演唱大奖赛》。

90 年代到新世纪是一个过渡时期，随着人民生活水平的提高，各类节目都开始茁壮成长。跨世纪以来，赛季节目如雨后春笋般出现在中国，例如中央电视台 2004 年推出的《星光大道》、湖南卫视的《超级女声》《快乐男声》等都在全国范围内引起了非常强烈的反响。同时期的还有上海东方卫视推出的《我型我秀》《舞林大会》，以及江西卫视的《红歌会》也广受好评。

又一个 10 年过去了，如今，广播电视的发展进入到一个新时期，各类节目开始推陈出新，积极探索新的节目模式，在延续并发展之前各赛季节目的基础上又推出了一批制作精良的节目。从 2010 年在东方卫视登场至今已举办了 5 届的《中国达人秀》到红遍中国的《中国好声音》，国内的赛季节目遍地开花，像湖南卫视的《我是歌手》和《中国最强音》、北京卫视的《最美和声》、中央电视台的《中国好歌曲》和《出彩中国人》、江苏卫视的《全能星战》、安徽卫视的《超级演说家》等，赛季节目已经成为各电视台重点打造的节目类型。

### (二)我国赛季节目的发展

赛季节目早在20世纪二三十年代就已风靡国外，经过长时间发展已日臻成熟。虽然在中国起步较晚，但经过30多年的成长，赛季节目开始在中国大放异彩，从节目形式、内容到制作水平，都逐渐趋于完善和成熟，并且具有越来越广泛的影响。由于有着很高的关注度，各个卫视都极其重视赛季节目的制作、创新，比如《中国好声音》《我是歌手》等第一季到第二季就做了较大改版，更加贴近受众的心理诉求，也更符合时代的实际需要。

但是综观中国的赛季节目，虽然节目名称纷繁各异，但是内容和形式大多有雷同之嫌，同质化倾向比较明显。我们知道，国内的节目一般是移植于欧美和日韩，然后将这些舶来品进行改版再创作。一般来说，当一档节目在国内正式落地之后，紧接着就是这一类型节目的遍地开花，鲜有大受好评的原创性节目。这些节目虽然落地于不同电视台，拥有不同风格的主持人、不同领域的嘉宾评委、不同类型的参赛选手，但是其模式大抵不会有太大的差异。仅2013年暑假(7月至9月)就有《中国最强音》《中国梦之声》《中国好声音》《我的中国星》《中国星力量》等31档选秀节目轮番上阵，让观众目不暇接，光节目名称就让人“傻傻分不清楚”。

不可否认的是，很多节目从流程设计、主创构成、选手类型到后期制作都有越来越准确的思考和越来越严格的标准。以《中国好声音》为例，它的热度能燃烧整个暑假，除了这个节目本身形式新颖独到之外，与每位导师鲜明的风格，以及每位选手高水平的演唱功力密不可分，少了其中的任何一环都会让节目效果大打折扣。但是如何制作出更多原创的精品，而非一味模仿借鉴、一味跟风“拿来”，这是我们应该认真思考的命题。事实上，“少而精”远胜于“多而杂”，我们应该努力朝着品位独特化、思想精深化、内容精品化、制作精良化的方向推陈出新、去粗取精，在“众语喧哗”的大众传播中需要真正的“好声音”来代表中国的文化和实力。

## 三、赛季节目主持人的定位

### (一)节目主持人的定位

“定位”这一概念源自军事领域，本义是“驱动军队抵达决战地点”。美国定位理论的创始人、著名营销大师杰克·特劳特(Jack Trout)据此提出“定位”的定义：就是让品牌在消费者的心智中占据最有利的位置，使品牌成为某个类别或某种特性的代表品牌。这样当消费者产生相关需求时，便会将定位品牌作为首选，也就是说这个品牌占据了这个定位。

将定位的内涵延伸到播音主持领域，对于主持人来说，则体现为如何将自我提升为定位的品牌融入到节目当中，从而锚定受众的收视兴趣和收视习惯，即我们常说的“主持人定位”。

随着广播电视节目的迅速发展，主持人在大众传播领域也发挥着越来越重要的作用。在传统意义上，节目主持人是在广播电视中，以个体行为出现，代表群体观念，用有声语言、形态来操作和把握节目进程，直接、平等地进行大众传播活动的人。由于节目类型的不断成熟、主持人功能的不断完善，主持人的媒介权威逐渐得到民众的认可，其公众形象也越来越受到社会公众的关注，在某种意义上主持人的标杆和导向作用越来越明显，主持人以其独特的个性魅力和个人气质影响着大众的价值判断尺度，因此主持人首先得清楚、明确自身的定位。笔者认为，“主持人定位”的内涵主要包括以下几个方面：

1. 新闻工作者

众所周知，新闻性是播音主持的根本属性，播音主持是广播电视宣传的重要一环，是新闻工作的重要组成部分。由于真实性是新闻的生命，在播音创作中播音员主持人情感的表达与演员表演中演员情感的表达有质的区别。然而当前在很多节目中，很多主持人无视新闻观，没有很好地树立起新闻工作者的意识，在节目中缺乏新闻素养，为了博眼球赚收视，或夸张怪诞，或私欲抬头，或口无遮拦，毫无庄重性和分寸感，更遑论对社会舆论的引导和对受众素养的提升了。

2. 语言传播者

播音主持是一项特殊的言语活动，具有语言传播的显性特征。作为广播电视语言传播者，要求主持人尊重传播规律，注重传播效果。要想及时、准确、生动地将有效信息传递给受众，就需要主持人踏实刻苦地锤炼有声语言功力。语言传播的核心是“明晰”，它是从通俗易懂到明白晓畅，再到清晰优美逐层提升的概括，是广播传播“悦耳动听”和电视传播“赏心悦目”的共同根基，要求字字珠玑、语语中的、声声入耳、句句达心、表情达意、言志传神。另外，语言传播工作不仅仅是一项信息传播工作，同时还是一项文化传播工作，是对受众进行文化告知、文化感染、文化渗透的文化影响工作。在一线实践中，很多主持人把“语言是交流的工具”奉为圭臬，停留在浅白的“交流”层面，无视其所附属的文化内涵，导致文化失范甚至失语，试图用“快餐化”“世俗化”的观念来取代文化，将自身淹没在“众语喧哗”“人声鼎沸”中。正如曾志华教授所说，“节目主持人在节目中弘扬真善美和社会正气，通达社情民意，疏导公众情绪，传播先进文化等，都将成为一种不可替代、不容忽视的文化影响”。

3. 艺术工作者

很多人认为播音主持语言在大众传播中无须修饰和改变，只需把日常生活和自然生态照搬上去即可，实际上这是“依样画葫芦”的自然主义观念。诚如宗白华先生所述，“艺术作为艺术而不是文化的其他部门，它就必须同时表现美，把生活内容提高、集中、精粹化，这是它的任务”。在广播电视语言大众传播中亦应作如是观：我们呈现并服务于广大受众的一定是经过加工的“话”，它并不是传统意义上的大白话。具体表现在从吐字归音到语言表达，从举止神态到思想内核等都是要经过筛选、过滤并艺术化的，而不是一味客观机械地描摹反映，像照相机的拍照，如此才能“心匠自得为高”，并真正冠之以“艺术”。主持人语言的自然不是常态的、粗糙的、不经任何加工的自然，它是艺术化的自然。主持人的语言具有规范性、庄重性、鼓动性、时代感、分寸感、亲切感的特点，要求准确清晰、圆润动听、朴实大方、富于变化，它既不能混同于日常谈话，又区别于戏剧台词等表演艺术语言，是取生活语言和艺术语言之精华，形成播音创作特有的语言艺术表达方式。

4. 社会服务者

播音员主持人作为大众传播的最后一环，既是“出声露面”的传播者，也是心系受众的社会服务者。然而，随着广播电视节目在社会生活中的影响力越来越大，播音员主持人“演艺化”的现象也越来越严重。由于光环笼罩，节目主持人在公众媒体面前频频亮相，自然成为公众心目中的“名人”“明星”。这些外部效应影响了主持人的自我意识，导致有些主持人心态失衡、自鸣得意，分不清主持人和名人的区别，自我定位摇摆不定、模糊不清，误认为“镜像”自我为真实自我，滋生出过度的表现私欲。“以人为本”始终是播音员主持人应该秉持的服务意识、公众意识，永远不可为突出自我角色而忽略社会角色、职业角色。播音员主持人仍要以平常之心、真诚之心，脚踏实地地贴近受众的日常生活和内心世界。像备受关注的大型公益节目《等着我》，主持人倪萍亲切温暖的形象再次成为节目的品牌，倪萍在节目中的一举一动、一言一行无不体现着真诚的服务意识，她能想人之所想，感同身受、主动地触摸每一位嘉宾的内心，从而产生强烈的共鸣。相反，张绍刚在《非你莫属》的舞台上与众多求职者唇枪舌剑，他的语言带有强烈的主观质疑和判断批评色彩，甚至带有人身攻击性，往往不给人留有解释辩驳的余地。在 2012 年的一期节目中，面对求职者的“晕倒”，他并未及时施以援手，第一反应竟然是冷言冷语地诘问道：“你是在演戏吗？”瞬间令求职现场变成了打假现场。他在节目中对人没有最基本的尊重和关怀，没有服务意识，不禁让人看了非常痛心。

（二）赛季节目主持人的定位

随着电视节目内容及形式的不断丰富，能在镜头前“出声露面”的除了主持人之外，越来越多的嘉宾、选手、评委、观众等也都加入了语言传播的庞大阵营。特别是在赛季节目中，由于嘉宾评委的参与，镜头前更多的是嘉宾评委和参赛选手的直接对话，某种程度上来说评委的话语权似乎超越了主持人，他们不仅掌握着选手的生杀大权，而且还掌控着节目的进程。以《中国好声音》为例，节目总时长为 87.78 分钟，主持人出镜主持时长为 2.42 分钟，主持人出镜时长仅占节目总时长的 2.67%；《中国达人秀》则更明显，节目总时长为 68.63 分钟，主持人出镜主持时长为 0.93 分钟，仅占 1.36%。《中国好声音》里的华少、《我是歌手》里的赵子靓、《我为歌狂》里的余声等都成了名副其实的广告销售员。既然如此，那主持人的作用是否就被弱化、被稀释了呢？是不是只是在节目总决赛的时候才需要主持人的参与呢？另外，在有的节目当中，主持人似乎也有意无意地抢着当评委的角色，与评委进行“PK”“互掐”。赛季节目主持人又该如何打造自己，如何真正发挥主持人品牌的定位效应呢？

1. 赛季节目主持人要积极承担起在节目中的核心作用

无论在什么类型的节目当中，主持人都是节目流程的驾驭者和节目质量的把关人，即使赛季节目有了嘉宾评委的加入也不可能替代主持人的核心地位。由于赛季节目形式的特殊性，主持人角色表面看似被弱化，实则在节目中的作用极其重要。由于赛季节目处于一个有序而多变的动态进程中，看似井然有序的周密安排仍可能发生各种突发状况，包括现场气氛的把控、节目质量的需求、节目品位的高低、评委和选手互动桥梁的搭建等，这一切都需要主持人来应对和操作，因此主持人在节目中的核心地位无可取代。无论赛季节目如何发展，主持人角色都不会弱化，更不会消失。因此，赛季节目主持人在节目中不能被动敷衍，要主动意识到自己的地位，并积极承担起核心作用。

在赛季节目中，选手展示和评委点评占据了节目的大部分时间，因此主持人串联节目进程的时间以及和选手、评委交流的时间就受到极大的压缩，在这相对较短的时间里，不论是主持人个体语言功力的展现还是节目效果需求或者是体现节目意图的需要而言，都要求主持人的话语精当准确、高质高效，而不是废话套话连篇。现在，很多赛季节目主持人似乎只是一个简单生硬的报幕员角色，“有请下一位选手！”“请评委老师点评！”“谢谢评委老师的精彩点评！”“好，这位选手的成绩是……”“恭喜你！”诸如此类，除此之外再无其他，这样的报幕主持似乎谁都可以担任，甚至评委也可以客串一下。《中国好声音》里面的“中国好舌头”华少被观众称为“卖凉茶的主持人”，看似调侃的话却多少体现出客观背景下华少主持功力的缺位。让自己在节目中显得不那么多余甚至将自己打造成节目的另一定位品牌，是很多赛季节目主持人的目标。主持人的核心作用体现在对节目流程的梳理和掌控，对节目具体环节的了然于心，将节目意图的体现和实施设计到各个环节之中，游刃有余地驾驭节目的进程，甚至需要在和评委的交流中提前设计一些“梗”，和选手以及嘉宾进行充分合理的互动以增加节目效果，让节目显得生动、不枯燥。

2. 赛季节目主持人是评委的精诚合作者

在很多赛季节目中，由于评委的强势地位，主持人似乎很难自处，与评委的关系更是模糊不清，主持人到底是评委的陪衬烘托，还是和评委“井水不犯河水”各司其职呢？实际上，在赛季节目当中，主持人和评委是精诚合作的关系，二者都是语言传播的中坚力量。

评委的点评虽是传播活动的一个重要环节，评委的角色和主持人的角色并不是各自为营、分而治之的，更无嫡庶尊卑、高低贵贱之别，他们是以“相看两不厌”的方式融于语言传播中的，需要二者的互相配合、紧密协调、积极合作才能共同完成节目的创作。对于主持人来说，在节目中对评委既要避免目无下尘又要避免曲意逢迎，前者是不甘心充当“绿叶扶红花”的配角，总想着突出自我，急于显露，甚至剥夺评委的话语权，然而这样的心态往往会适得其反，最终让自身形象大打折扣，影响传播效果；后者则过于没有自我，淡化自我意识，完全屈于评委的意见，“俯就”评委，似乎是以一个“闲杂人等”的旁观身份在节目中“打酱油”。赛季节目主持人要明晰自己的角色定位以及相应的职责功能，平等真诚地和评委进行交流与合作，努力实现良好的传播效果和社会效果。

3. 赛季节目主持人是选手真诚的陪伴者，切忌充当判官

赛季节目中，评委根据选手的表现进行评价和打分，这一过程中必然包含各种客观和主观的因素影响着选手的最终成绩。评委们可以有自己的理解和判断，并坦诚地表达出来，而主持人则不能。在所有的参赛选手面前，主持人应该是客观、公允、贴心的陪伴者，而不是和评委一样的判官角色。这就需要主持人懂得拿捏分寸、言语得当，选手在紧张的环境中需要主持人的温暖、关怀和理解，主持人切忌以一个观众甚至评委的心态去对选手品头论足、一吐为快。

那么在和选手进行交流互动的时候，如何能让选手感觉放松呢？这就需要赛季节目主持人对每一位参赛选手以及评委进行了解，关注他们的一些细节，多和他们进行深入的交流，挖掘一些有价值的信息，这些东西都可以运用到节目当中。

董卿在这一点上的把握十分到位，她从不对选手的表现和能力进行评价，每次交流都从跟选手水平无关的一些细节开始，让选手觉得很贴心、很感动。例如在第14届《CCTV青年歌手电视大奖赛》民族唱法决赛中，董卿就很善于挖掘选手舞台之外的细节和背景，并由此铺开语言链条。比如，因为比赛当天是参赛选手王喆妈妈的生日，因此董卿和选手王喆的对话就围绕着“送给妈妈的生日礼物”这个话题展开，自然贴切、生动连贯，使得节目变得立体，整体感突显。又如，在和选手陈阳

的对话中，董卿从陈阳“在昨天比赛结束之后一会儿哭一会儿笑”这一观众不知道的细节引入，既设置了小小的悬念、抓住观众的心，又能通过选手自身的场景还原和娓娓道来，使得观众与选手感同身受，从而走进选手舞台之外的生活和内心世界，多角度地认识和理解选手，同时在比赛的残酷之外增添一份温情和人性化。

综上所述，随着赛季节目的日臻成熟，在节目中起到核心作用的主持人也承担着更加艰巨的使命。主持人是节目的代表，是媒体的前沿，是优秀文化的传承者、传播者，更是把关人。因此，主持人应该明确自身定位，积极肩负起社会引导的责任，努力提高广大群众的文化水平和审美水平！

**参考文献**

[1]廉伟:《交锋与合作:电视竞赛类节目主持人与嘉宾评委之关系》,《现代传播》2008 年第 4 期。

[2]梁笑然、陈淼:《公共舞台类真人秀节目主持人角色的弱化现象》,《新闻知识》2013 年第 6 期。

[3]陈虹:《节目主持人传播》,复旦大学出版社 2007 年版。

[4]张颂:《播音主持艺术论》,中国传媒大学出版社 2009 年版。

[5]姚喜双、郭龙生:《媒体与语言:来自专家与明星的声音》,经济科学出版社 2002 年版。

[6]张颂:《播音语言通论》,北京广播学院出版社 1994 年版。

[7]张颂:《播音创作基础》,中国传媒大学出版社 2004 年版。

[8]曾志华:《文化自觉:电视节目主持人文化影响力的重要基石》,《现代传播》2008 年第 4 期。

[9]韩青、郑蔚:《电视娱乐节目新论》,中国广播电视出版社 2005 年版。

（作者单位：中国传媒大学播音主持艺术学院）

# 《罗辑思维》给了我们什么
## ——论新媒体环境下读书节目的发展

孔 亮

2012年12月21日，“世纪末日”的前一天，一档全新的知识性网络脱口秀栏目开播。一个“歪嘴胖子”对广大受众的第一句问候就是：“我们《罗辑思维》选在今天开播，其实已经给了一个关于末日问题的答案，就是我们绝不相信末日。”一句话，既引出了当天的话题“末日启示：向死而生”，也似乎预示着一种“准读书节目”向死而生、凤凰涅槃的勇气。一石激起千层浪，《罗辑思维》视频节目迅速引发社会的关注和学界、业界的研究兴趣。截至本文成稿，该视频节目在优酷的总播放量超过2.01亿次，其微信公众号的订阅量达300多万，前两次会员招募共有3万名会员贡献了1000多万的会费收入，第三次会员招募于2014年12月21日展开，其影响力与经济效益成倍增长，甚至有专家给予《罗辑思维》1亿美元的估价……凡此种种，无不向人们展示着自媒体自身孕育的无限可能。

### 一、《罗辑思维》与“罗胖”

笔者将《罗辑思维》看作是“准读书节目”，然而，客观来说，《罗辑思维》视频节目的主体与“读书”存在着千丝万缕的勾连，甚至可以这样说，《罗辑思维》较之于早前一些“美文朗读式”的所谓读书节目更接近于读书节目所应达到的目标——推介好书，培养阅读习惯以及重拾对文化和知识的尊重。在每一期视频节目中，罗振宇都会就某一话题进行脱口秀式的解读，在解读过程中推介与此相关的几本好书，并与受众一起探索新的思维方式。

“罗胖”其人，就是《罗辑思维》的灵魂人物——罗振宇。罗振宇，1973年出生，安徽芜湖人。1994年毕业于华中科技大学新闻系，获学士学位；1998年毕业于北京广播学院电视系，获硕士学位；2008年毕业于中国传媒大学，获博士学位。良好的学历背景为罗振宇打下了扎实的专业理论基础。罗振宇的媒体从业经历也十分丰富，早年担任中央电视台《商务电视》《经济与法》《对话》等栏目的制片人；2007年从幕后转到台前，担任第一财经频道两档栏目的主持人并兼任该频道总策划。这些经历使得罗振宇比传统平面媒体人更熟悉视频传播的表达方式，更懂镜头、灯光及有声语言的传播规律，因此他能在镜头前表现自如。

罗振宇虽是传统媒体人，却深谙互联网思维。他认为："互联网正在成为我们生活中的'基础设施'，它将彻底改变人类协作的方式，使组织逐渐瓦解、消融，而个体生命的自由价值将得到充分释放。"①

## 二、"罗胖"语言传播分析

在《罗辑思维》视频节目中，罗振宇以网络媒体为平台，"以有声语言（包括副语言）为主干或主线，出头露面，驾驭节目进程"，②毋庸置疑，他在节目中承担了主持人的角色。既然作为有声语言创作主体，作为广播电视语言传播链条中的重要一环，我们有必要对"罗胖"的语言传播能力和质量进行考察与分析，以期在保证节目整体语言风格的基础上"止于至善"。

### （一）有声语言符号

如前所述，罗振宇是安徽芜湖人，芜湖地区的方言属江淮官话和吴语"杂糅"的方言形态。众所周知，普通话以北京语音为标准音。北京话同汉语诸方言的亲疏关系依次为：与华北方言最近，西南官话次之，赣、湘、吴语再次，粤、客、闽语则相差最远。因此，罗振宇的普通话呈现出"芜湖普通话"的典型特点，如央低不圆唇元音ɑ的发音扁平化，句尾习惯性地带"嘞"字的特殊用法等。然而，这并不影响受众的"信息共享""认知共鸣"，所以我们也不应过分苛责。正如中国传媒大学播音主持艺术学院马玉坤教授所言，地方普通话不仅是标准普通话变异的结果，也是其最真实的存在方式。当然，我们也丝毫不否认，提高主持人的普通话水平有助于提高有声语言的传播能力和质量。

张颂老师将有声语言创作主体的语言功力分为8种，其中以"表现力"为核心。不得不说，罗振宇的语言极富表现力，最直接的传播效果就是"我们愿意听这歪嘴胖子嘚吧嘚"。"罗胖"发声习惯较好，声音集中，气息运用也较为自如；重音明确，节奏富于变化；幽默风趣，逻辑严密。这些都是构成其语言表现力的重要因素。

罗振宇的话语样态可被归为"消闲自在的谈话式"，因而节目的整体语言风格较为轻松随意，容易形成自由、平等、分享的对话场域。

---

① 罗振宇：《罗辑思维：有种·有趣·有料》，长江文艺出版社2013年版。

② 张颂：《播音创作基础》（第3版），中国传媒大学出版社2011年版。

（二）副语言和非语言符号

除了有声语言，“罗胖”与《罗辑思维》的副语言和非语言符号系统也值得研究。罗振宇眼神自然，对象感与交流感较强，这与《罗辑思维》目标受众明确有极大关系；服饰随性但得体，与栏目风格较契合；肢体动作准确，手势辅助常与重音相伴，当然，由于空间受限，肢体动作不宜过大；灯光柔和，背景以书橱为主，营造出一种古色古香、静谧祥和的读书氛围；桌面摆设简洁，几本随意摆放的书、一个呈思考状的小泥塑，起到了提示节目类型的作用；镜头切换简约，基本保持主持人近景镜头的讲述，目的是不分散受众的注意力，使受众更加注重内容本身，偶有一个全景镜头的切换，又避免了画面过度单调所带来的审美疲劳。

## 三、《罗辑思维》给了我们什么

尽管学界和业界更多地把《罗辑思维》定位为一档知识性网络脱口秀栏目，但不可否认的是，《罗辑思维》为我国读书节目的发展提供了全新的视角和有益的借鉴。

（一）传播平台的变化

读书节目自诞生之日起，就与电视媒体有着密切的关系，因而受众在很长一段时间里都将“读书节目”与“电视读书节目”这两个概念画上了等号。然而，随着“新媒体”“融媒时代”“自媒体”等对人们固有观念的冲击，使得传受双方都开始渐渐意识到，读书节目也可以不只出现在电视上。《罗辑思维》就是这样一档“自媒体”读书节目。相对于传统电视媒体而言，自媒体的优势在于节目生成的迅捷性。一期要达到播出标准的电视读书节目，不仅需要主持人、现场导演、摄像、录音、灯光、道具等前期工作人员，还需要倒带、剪辑、审片等后期工作人员，更需要经历录制前审查、录制中监督、录制后追责的层层把关，虽然节目质量可以得到保障，但成本高、流程慢等竞争劣势也是不容忽视的。反观“自媒体”读书节目，《罗辑思维》的录制场地就是一间安静的小屋子，“罗胖”在节目录制过程中只需要两台固定机位，灯光架就竖在主持人身边，对于现场工作人员的数量基本没有要求，同时网络视频节目剪辑方便，审查较快，上传更新也十分便捷。这是传播者一方的视角。再有，以互联网和移动终端为代表的新媒体也刷新着受众接触媒介的理念和习惯。从前的单向传播变为如今的多维互动，从前的线性传播变为如今的碎片化收视，从前的受众变为如今的参众。如此一来，相对于传统媒体而言，新媒体的优势更加明显。诚然，新媒体不可能也没有必要取代传统媒体，每一个时代的新媒体都只是“新的媒体”而已。在全媒体时代的今天,传统媒体与新媒体之间不应该是非此即彼、此消彼长的零和博弈,而应该是在一定条件下此涨彼涨、合作共赢的正和博弈。其实从本质而言,无论是传统媒体还是新媒体,都是媒体。所谓媒体,其本质就是一种媒介。喻国明教授曾提到过,互联网时代的到来让媒介恢复了本来的面目。也许,正视这种素朴的观念,才是媒体发展的正途。

(二)根本理念的变化

笔者所谓的“根本理念”,是指上文提到的读书节目的目标——推介好书、培养阅读习惯以及重拾对文化和知识的尊重。在笔者看来,这三者在某种程度上是递进关系或者说是前提关系。换言之,读书节目的主持人首先应当有鉴别“好书”的能力。然而这里的好书并没有一个刚性原则和硬性标准,这就要求主持人有大量的阅读经验和知识储备,这样才能把好书推介给受众,让受众形成好的阅读习惯和能力。在此基础上只有当“全民阅读”不再只是口号的时候,对文化和知识的尊重才有可谈的空间。法国文学批评家,同时也是著名的文化访谈节目主持人贝尔纳·比沃曾经谈到:“其实我们这个节目虽然给大家介绍书的情况,但只停留在表面。如果大众对它感兴趣,想要更深入地了解,就会到书店里去买它。所以我力图让节目更加有趣,以引起大众的兴趣,从而达到促进大家去读书的结果。”读书节目主持人看上去似乎只是“停留在表面”,但如果他能“让节目更加有趣,以引起大众的兴趣,从而达到促进大家去读书的结果”,那就已经功在当代,利在千秋了。从这一“根本理念”来看,《罗辑思维》已然做得不错了。

(三)节目样态的变化

根本理念的改变必然导致节目样态发生变化。《罗辑思维》要实现“推销”书的目的,自然需要探索受众的兴趣所在。新媒体诞生于完全市场环境下,其逐利本性本就远远高于脱胎于计划体制的传统媒体,其市场敏感度十分高。《罗辑思维》节目样态的新颖主要体现在以下两点:其一,话题表述和内容展示的新颖。《罗辑思维》涉及的话题覆盖范围较广,包括历史、政治、经济、民生、互联网等众多领域,但更重要的是话题切入的角度极富“眼球效益”。如历史领域的《康有为:光绪皇帝的野蛮网友》《奸臣指南》《南北战争,这仗不白打》,政治领域的《民意真的可以相信吗?》,社会领域的《治不好的地域歧视》《一个公务员的海市蜃楼》,互联网领域的《和你赛跑的不是人》《躺倒也能当英雄》《未来脑世界》等,都体现出“高大上的内在,无底线的外表”这一特点。其二,逻辑肌理和表达形式的新颖。熟悉《罗辑思维》的受众都知道,每期节目基本都由“三段式”构成,第一段正说,第二段反说,第三段闲说。以首播节目的话题“末日启示:向死而生”为例,第一段先抛出正说观点

“我们绝不相信末日”，内容穿插讲述了埃及文物古迹、崇祯测字、索引派如何研究《红楼梦》等一系列段子；第二段反说“相信末日也有好处”，怀着一种“向死而生”的心态才会更加珍惜生命，引用历史上路易十六、慈禧、纳粹空军司令戈林等作为例子；第三段“罗胖”话锋一转，谈到他最近读到的一篇关于“费米悖论”的文章，把受众的思维一下从地球扔上太空。这样的结构给人一种直观感受：罗振宇先给你一个“锚”，即对于同一事物的不同观点，进而对事物本身进行解构分析、引经据典，最后在逻辑上说服你。如此一来，节目就对主持人提出了极高的要求，因为一套逻辑严密、论据充分且经得起推敲的说辞并非那么容易整理并表达出来。再有，实际上节目也对受众提出了更高的要求，要跟得上“罗胖”的逆向思维并试图培养自己看待问题的多维度视角。从格式塔心理学的角度进行分析，主持人一味“顺从”受众简单、熟悉、本能的收视习惯，放弃引导受众建立深刻、复杂完整的创造性思维，是当前泛娱乐化、节目品位低俗化的根源所在。那么，像罗振宇这样在大众文化与精英文化之间找寻到一个恰切点，引领受众挑战日常视觉模式，结构新的格式塔，并让受众在“顿悟”中产生更高层次的快感正是当前我国电视节目，尤其是电视读书节目应该学习和借鉴的。

（四）手段渠道的变化

除了互联网视频节目这一“线上”载体所呈现出的变化外，“罗辑思维”团队在“线下”的手段和渠道的变化，也为如何打造和营销一档栏目和一个团队提供了某种侧面观照。其一，微信公众号的整体品牌推广。首先，微信中的罗辑思维公众号每天早晨 6 点半左右为 300 万订阅户发送 60 秒的语音信息，内容包罗万象，当然也包括对“罗辑思维”团队在微博、社群或其他线下活动的介绍。有人将它比喻为像“马桶伴侣”一样培养用户的约会意识、增强收听黏性。其次，考虑到公众号每天只能发布 1—3 条信息，“罗辑思维”团队利用这一限制，将“剩余价值”最大化，每天在语音信息过后通过订阅户回复的途径“二次发送”一篇与语音内容相关的短文，并附有罗振宇个性化的评论，这也是“罗辑思维”微信公众号独特性之所在。同时，“罗辑思维”团队还可以通过订阅户回复的数量和内容了解到受众的数量和喜好，通过反馈及时进行微调，“对症下药”。最后，语音信息还具有预告视频节目内容与直接推介书目的功能。其二，喜马拉雅电台的“格式转换”。喜马拉雅电台是由上海证大喜马拉雅网络科技有限公司开发的一款网上声音平台。“罗辑思维”团队采用“视频节目音频化”的方式对《罗辑思维》节目进行格式转换，拓宽传播渠道。其三，社群经济的众筹平台。“罗辑思维”团队的成功之处还在于建构起一个庞大的虚拟社区的“景观”，并将社群经济衍生为“所有会员为所有用户服务的众筹平台”。《罗辑思维》的“线下”活动十分丰富，他们做的第一个“线下”活动就是与京东、淘宝等电商合作发“罗利”(即“罗辑思维”会员的福利),大到3D打印机、电视机,小到书籍、U盘,最大限度地调动会员参与活动的积极性。再如招募平面海报设计,尽管只需要几张,但却收到了来自会员的几百张设计稿。这种既省钱又调动会员积极性的做法,不仅有社群特点,还有众筹特征,与微博粉丝的性质截然不同。其四,其他衍生产品的助推。2013年10月8日,“罗辑思维”团队宣布发售同名刊物《罗辑思维》,三天内预售超过3000本,勇登当当、亚马逊、京东畅销书排行榜。同时,《罗辑思维》的电子书也应运而生,下载量的飙升自然也成为团队收益的一部分。强大的周边产品衍生能力既体现出《罗辑思维》强大的影响力,也反过来助推其进一步的发展。

## 结　语

在融媒体时代到来的今天,读书节目已经在新媒体平台上风生水起。传统媒体在“鲶鱼效应”的刺激下,也必然会增强危机意识,克服发展惰性,寻求电视读书节目的创新之路。那么,该就此乐观下去吗?当然不!《罗辑思维》的良性发展应该“让悲观者更乐观,让乐观者更谨慎”。只有踏踏实实,一步一个脚印,读书节目才能走出自己的康庄大道。

**参考文献**

[1]邵慧、刘秀梅:《媒介融合背景下的自媒体脱口秀——〈罗辑思维〉个案研究》,《南方电视学刊》2014年第4期。

[2]靳磊磊:《探究网络自媒体节目传播特色——以〈罗辑思维〉为例》,《今传媒》2014年第12期。

[3]王岳:《互联网上闻“书香”——解读〈罗辑思维〉的成功之道》,《青年记者》2014年第8期。

(作者单位:中国传媒大学播音主持艺术学院)

# 电视法制节目主持人语体同质化刍议

李立婷

## 一、同质化的定义及弊端

我们通常所说的“同质化”是指在同一大类中不同品牌的商品在性能、外观甚至营销手段上互相模仿，以至逐渐趋同的现象。[①] 同质化不仅会导致类似产品的大量生产，供过于求，形成不良竞争，还会导致部分原创企业权益无法得到保障，造成“山寨”侵权等现象。在今天迅猛发展的电视媒体行业，同质化早已是一个老生常谈的问题，不仅节目同质化，主持人也面临着严重的同质化问题。一般行业中的市场供过于求在电视节目中可以理解为受众的审美疲劳，而“山寨”现象则造成了抄袭等版权问题。比起一般行业中的同质化，电视节目主持人语体的同质化更令人担忧，这不仅是作为主持人个性的丧失，同时也很难在法律层面予以约束，大多只能靠我们的电视节目主持人及从业人员自觉地避免，朝个性化方向发展。

法制节目主持人的语体也面临着同质化的问题，这不仅导致了受众的审美疲劳，也使电视法制节目因此丧失了其权威性和公信力。面对受众的流失和节目目的的模糊，我们的法制节目主持人更应该时刻警惕，清醒地认识到现阶段同质化的问题，找出原因并尝试提出解决办法。

张颂老师在谈到语体时，认为语体就是语言的体式，解决语言主体身份、语言对象、语言场景范式三者同语言目的的关系。[②] 同时，他也提到语体的多样化受到多方面的制约，如话语本体、话语环境、话语对象、话语工具。由此可知，法制节目主持人的语体也是受节目主持人本身、节目文本、电视受众、电视手段等共同影

① 百度百科，http://baike.baidu.com/view/1079199.htm。

② 张颂：《语言样式简论》，《中国广播》2002年第1期。

响的。

法制节目主持人的语体从最初的“严肃说法”，到如今的结合“拍案说法”，作为“讲故事”的人，其抑扬顿挫的语气、庄严凝重的神情、欲言又止的停顿，一度成为观众津津乐道的节目“特色”。尤其是《金飞传奇故事》《取证》等节目，因其主持人在当时独具一格的表现力和感染力，使案情更具传奇性、玩味性，从而大受欢迎，分别成为2006年、2011年十佳电视栏目。

在风格形成初期，法制节目的独特性和其主持人的语体个性都让观众眼前一亮。一种健康的话语样式的发展趋势，应该是在自身已经形成一定的风格后，更加多样化地发展，并在节目形态和内容上继续挖掘，形成更加多样化、更加独特、更加细致的节目主持语体。但令人惋惜的是，这种风格形成后很快引起其他节目主持人的模仿，在同一节目中本应不同的讲述板块和语体（如故事叙述和法理宣讲），或不同节目类型中本应不同的话语样式（如法制新闻使用播报式，法制纪实使用讲解式），不同的文本创作风格本应不同的表达方式，却变得十分相似。这就是本文想说的“同质化”现象。

## 二、主持人语体同质化的表现

在不同类型的法制节目中，如法制新闻节目主持主要使用播讲式，结合法制特色加入少量讲解样态，整体风格故事性强、权威性强；法制专题节目主持主要使用讲解式，结合法制特色，跌宕起伏，起承转合明显，同时具有宣讲的庄严性和震慑力。但现状却是无论是法制新闻、法制专题，还是法制谈话，主持人的话语样式都是以讲解式为主，竭尽抑扬顿挫、夸张冲突，权威性和庄严性都不强，不同类型间的区别很小。在主持一档节目时，法理宣讲应使用宣讲式，庄重严肃；法制故事应使用讲解式，通俗灵动中又不失庄重权威。但反观现状，法理宣讲在节目中所占比重很小，即使有也极缺乏庄重权威，显得很生硬，大部分甚至直接采用讲解式。

在目前收视率和市场的双重压力下，一些节目“解说词中努力采用疑问句，这样的节目不仅缺乏社会责任感，更为重要的是会导致电视法制节目的庸俗化，破坏电视法制节目应有的客观公正，甚至会干扰司法活动”。[①] 主持人的话语样式尽其所能吸引受众，竭力形成“第一眼印象”，表现欲望过盛，导致节目深度不够，法理不明，缺乏理解度和价值判断的引导，如此便形成了节目的雷同和主持人讲述风格的雷同，导致了观众的审美疲劳。

---

① 游洁：《电视法制节目新论》，中国广播电视出版社2007年版。

(一)不同类型节目,主持语体相似

按照当下较为普遍的划分方法,法制节目可以分为举案说法、法制解密、法制庭审、法制谈话、法制消息等类型。对于不同的电视法制节目类型,其语体也应有所调整和变化,但现状却是不同类型的法制节目主持语体非常相似。由于法制解密类节目具有有悬念、有疑点的特征,较容易激起受众继续观看的好奇心,因此很多法制节目不顾自身的节目类型,一味模仿法制解密类节目的话语样式。如法制新闻类节目《都市 110》,本应是及时快捷的法制消息,但其在解说过程中却缺乏新闻的平实正规,神乎其神,大肆渲染,原本一条较为简单严肃的法制新闻消息,却使用法制解密的方式,故意设置"层层悬念",被播得"跌宕起伏",拖沓冗长。

(二)不同组合元素,主持语体相似

法制与社会的各个方面都有着千丝万缕的联系,与经济、社会、道德、家庭、刑事等都可以有机地结合。我们通常认为,就主持语体而言,法制与经济应该多一分客观与理性,法制与社会应该多一分倡议与监督,法制与道德应该多一分引导与批判,法制与家庭应该多一分提示与调和,法制与刑事则要多一分严厉与警告。但反观现今的法制节目,无论是何种元素的组合,主持人的语体都是在讲法制故事时欲言又止,充分使用虚声、低声,尽显故弄玄虚之态;严厉时,怒目圆瞪,并在节目结尾再义正词严地加一句"天网恢恢,疏而不漏",想以此体现法律的"威慑力"。如《金牌调解》中一个普通的家庭纠纷案,解说却用凝重、低沉、紧张的节奏,高频的强音,将稍显自私的两姐妹刻画成人性丑恶的典范,将普通的房屋纠纷描述得仿佛凶杀案一般惊险。这就是混淆了法制与其所组合元素——家庭与刑事的区别。

(三)不同播出平台,主持语体相似

1999 年 1 月 2 日,我们所熟知的《今日说法》栏目在中央电视台正式开播,一举进入央视电视节目收视率前十名。与此同时,各地各频道的法制节目也遍地开花,尤其是随着 2012 年"限娱令"的颁布,全国 34 个电视台上星综合频道改版后,法制、服务等非娱乐类节目大量涌现。节目数量的增多,伴随而来的就是内容的重复和质量的下降。重庆卫视的《拍案说法》自开播以来,由于其拍案说法的形式和自如随意的语言风格广受观众的好评,随后很多地方台也相继推出类似的法制节目,如山西科教频道的《公民与法》,其节目形式和主持人话语风格完全抄袭《拍案说法》,丝毫没有本土的特色,所以它注定无法逃脱被受众抛弃的命运。

(四)不同风格的主持人,讲述风格相似

法制节目,尤其是举案说法类节目,其主持人大多选用具备沉稳气质的中年男性，他们在演播室主持时大多语速偏慢、停顿较多，吊足观众胃口，而解说时则往往语速很快、节奏紧凑。抛开其他因素单看节目主持人，无论是外形、着装，还是话语风格、停顿位置、表情动作，举手投足之间都很相似，甚至将这些主持人调换节目都丝毫不会有违和感。在这样一个强调风格、强调个性的传媒背景下，不得不说这是一种悲哀。

## 三、主持语体同质化的原因及对策

### (一)收视率至上，忽略节目目的

随着后现代文化对大众文化审美需求趋势的改变，电视节目也越来越迎合这种商业环境下所推崇的“审丑文化”，[①]片面追求收视率，完全排斥传统的播音主持方式，仅仅迎合受众认知心理的第一层，过分迎合受众的感知觉、知晓度，造成节目目的不明、深度不够、法理不实，缺乏对受众理解度和价值判断的引导，容易造成节目的雷同和主持人讲述风格的雷同。电视法制节目的语体起初让受众颇感新鲜，但如今已经引起了受众的审美疲劳，最终必将被受众抛弃。

因此我们必须正视收视率，细化收视率市场，认清受众不是一个只讲感觉而不讲准确的群体。主持人应该明确自身节目的受众定位，有针对性地调整自身的语体。法制节目的受众大多出于不同目的而观看法制节目，所以针对不同的受众群体，法制节目主持人的话语风格也应有所不同。打发休闲时光与学习普法知识的受众，其目的不同，街道大妈和《经济与法》的受众在心理需求上也千差万别，因此主持人应考虑清楚自己的节目所面向的是什么样的受众群体，不对老百姓大讲生硬的法律条文，也不对真正需要学习法律条文的群体大讲悬疑故事。尽管法制节目遍地开花，但我们需要明确的是，中央与地方，南方地区与北方地区，受众的审美趣味是不同的，主持人的话语样式也应有所改变。同时需要认清节目目的，重视法制的宣讲和法理的普及，把握语言创作的本质目的。

### (二)表现欲望过强，忽略文本特色

法制节目，尤其是举案说法类节目，重在讲好法制故事，最终目的是带出法理、法律条文，实现普法的目的。但现在的法制节目主持人只看到案件的错综复杂，文稿的跌宕起伏，因而借稿发挥，表现欲极强，举手投足间添加了很多表演性、程式化的东西，似乎想以此证明自己话语的“声情并茂”，完全无视传统的播音主持方式，

---

① 马玉坤:《播音主持心理学教程》，北京大学出版社2008年版。

殊不知这只是播出了节目的表层意思，使得整体基调把握失当。

不同的案件和文本具有不同的情节和情绪，但很多主持人在创作时，没有具体问题具体分析，“偷懒”地将文本处理大而化之，形成话语风格的固定模式，也就是所谓的“《走进科学》语体”，导致主持人的表现违背了播音主持艺术本身应有的规范性。

第一，从稿件选题看，具有一定的统一性。电视法制节目中的案件多种多样，但也可分为几类母题：“撒旦母题、英雄母题、死亡母题、灾变母题、寻宝母题、大团圆母题。”[①]不同的节目整体选题是不同的，应具有多样性，如《经济与法》的选题多与经济法规、经济犯罪有关，因此主持人话语风格应多一些财经特色；而《金牌调解》的选题大多与民事纠纷有关，因此主持人的话语风格应多一些朴实。

第二，主持人要充分理解节目文本的创作方法和创作风格。不同的节目文本应该具体问题具体分析，这样才能使自己的话语样式丰富饱满，有料可听。深入了解稿件，把握结构，明确目的，充分调动当前法律规定和案件的具体背景，分清“讲故事”和“讲法律”的主次关系，注意节奏的变化，从而把握好整体基调。法制节目主持人是法律观念的普及者、法理逻辑的引导者、法制社会的建设者，在主持过程中，其要求也就不仅仅是见字生情，更要求望文生“义”，知道自己所承担的法制责任，明确自己的法制身份，从而由表及里，明白稿件背后的法制意义。

（三）单纯模仿，忽视个人特点

随着法制节目数量的增多，个别优秀的法制节目和法制节目主持人脱颖而出，随之而来的就是模仿、抄袭。由于法制节目制作较为简单，主持人风格较为突出，所以模仿起来也容易“形似”，导致某节目主持人一旦使用扇子，其他节目立刻借鉴扇子；某节目主持人选定为演员，其他节目也立刻开始物色类似风格的演员；某节目主持人一旦侧坐或站立，其他节目主持人也立刻侧坐或站立。这就使得法制节目主持人，尤其是举案说法类节目的主持人，放眼望去大多是中年人，身着中山装，侧坐或站立，摇扇或手扶“惊堂木”，或手捧所谓“档案”，表情凝重，语言拖沓，节奏相似。语体上单纯模仿现在“很红”“很法制”的语体，追求所谓的“潮流趋势”。

法制节目中，主持人的角色不仅是讲故事的人，更要找准自己的角色定位，即以什么样的身份去讲故事。角色定位首先基于节目风格，同时也要注意与主持人自身的外形气质相符合。

许多电视法制节目主持人或化身为侦探，如《撒贝宁时间》，采用边叙边议的话语样式，在讲述过程中加入自己的分析，引导受众共同破案，其对案情的分析丝丝

---

① 陈力丹：《评〈法治在线〉的第一现场：让叙述话语视觉化》，人民网，http://www.people.com.cn/GB/14677/40628/3014622.html。

入扣，让受众的思维紧跟主持人的话语，有张有弛。

或化身为评书演员，如《取证》，徐兴海特别敢于使用类似于评书式的语体。他充分运用大小气口使用停顿，而延长和强调都能够再次起到吸引受众注意力的作用，其上扬和下沉的语气则形成了独特的韵律感。

或化身为虚拟“调解员”，承担起评情说理的责任，如《金牌调解》等，不仅看到事实、认识事实、理解事实，更重视人在事实中的地位，把人作为事实的实践者，站在人的角度思考，起到调节情绪、缓和矛盾的作用。注重多元化的处理方式，不仅仅专注于法律，还就事情的“实然性”做出调整，更相信情理中的“应然性”，具有引导社会进步的正能量。

或化身布道者、老师。首先通过案件描述让受众了解事件的经过，再具体体现细节情节，体会当事人感情并感染受众。最高层次的影响就是对受众价值观的影响，对是非的判断，通过案件举一反三，真正起到电视法制节目的引导作用。这就要求主持人的话语能借事说理，以理服人。借助日常生活中的人之常情来思考法律判决的价值和意义，找到法理背后的深层原因，也就找到了调解的突破口。

## 结　语

电视法制节目是中国法制进程中重要的一笔，法制节目主持人承担着法制节目质量的重要任务。要想提高法制节目主持人的质量，避免其语体的同质化现象，归根到底要提高从业人员的整体素质，发挥主持人个性，挖掘文本内涵，不断提高其播音主持业务水平。

（作者单位：中国传媒大学播音主持艺术学院）

# 浅析电视喜剧真人秀节目主持人的角色定位

## ——以东方卫视《笑傲江湖》节目为例

王德超

当经历了“突飞猛进”发展的歌唱选秀类真人秀节目，在“限唱令”的制约下迅速退潮时，新的一年各大卫视在节目类型的创新上不约而同地将目光瞄准了大家喜闻乐见的“喜剧”。从安徽卫视的《超级笑星》到湖北卫视的《我为喜剧狂》、浙江卫视的《中国喜剧星》，再到东方卫视的《笑傲江湖》，一档档喜剧竞技类真人秀节目接踵而来，为电视机前的观众带来了不少欢乐。

目前，国家新闻出版广电总局对喜剧类真人秀节目还未设限，并且，该类型节目具有广泛的群众基础。小品、相声等搞笑节目，对于提升收视率来说无疑是一大“法宝”。从歌唱类真人秀节目开始，主持人在节目中的作用呈现出相对弱化的趋势，有的节目甚至取消了主持人，直接让评委在节目中与选手互动。在有主持人参与的真人秀节目中，主持人的作用体现得也并不那么明显。在电视喜剧真人秀节目不断升温的背景下，本文旨在探讨主持人在电视喜剧真人秀节目中的角色定位，由此对提高电视喜剧真人秀节目主持人的角色意识，更好地驾驭节目进程有着至关重要的作用。

### 一、节目前期策划的参与者

所谓策划，王甫教授在《电视节目策划》中论述道：“所有的策划基本上都是关于未来的事物，也就是说策划是针对未来要发生的事情做当前的决策。换言之，策划是找出事物因果关系，衡量未来可采取之途径，作为目前决策之依据，对节目有统筹的掌握。亦即策划是预先决定做什么、何时做、如何做、谁来做。策划如同一座桥，它连接着我们目前之地与未来我们要经过之处。”可见策划对于一档节目成功与否至关重要。电视节目是团队合作的产物，集思广益才会使节目精彩无限。节目前期的策划从确定好主题到节目播出之前都是一个集思广益的过程。只有明确节目的流程、创意和意图，才能收到更好的传播效果。而在很多节目中，主持人对节目前期策划的参与少之又少，对节目编导或是导演的很多创意和意图的了解不是特别清晰，这就导致在节目的推进过程中设计者的创意被大打折扣。

主持人参与节目是“主持”节目的基础。主持人只有参与节目的前期策划，才可能让节目的各个环节更加精彩。相比于其他节目，喜剧真人秀节目更多地是展示选手自身的技能，以此来满足受众的娱乐需求。了解每一个选手的背景，在节目中与每个选手互动是主持中必不可少的内容。主持人只有参与其中才能更为全面、具体地了解节目中每一个环节的设置，了解每一个创意环节设置的意图，才能更全面地了解每一位选手的故事。只有这样，主持人才能做到对节目全面掌握，得心应手地对待节目中的创意和处理相关问题。在第一期《笑傲江湖》中，第一组选手上台前三位表演者双手叠加做相互鼓励的动作，就在这个时候主持人大鹏从侧面悄悄地出现，做了一个“嘘”的手势，在主持人做这个动作的同时三位选手大声地喊出了“加油”，主持人和选手之间的这种反差构成了一个创意，形成了一个笑点。我想，如果没有主持人前期的参与策划，是很难做到与选手配合默契的。

## 二、节目进程的推动者

一档节目能够顺畅地进行，除了节目组前期的策划外，主持人对节目进程的推动作用也不容小觑。主持人在节目中好比一条丝带，将节目中的各个环节巧妙地予以串联，从而使得节目不仅能够顺畅，同时也能够出彩。节目前主持人与选手的交流以及在节目行进过程中主持人与选手的互动，都对主持人的随机应变能力、细节的捕捉能力提出了要求。

东方卫视的《笑傲江湖》节目在每期开始时，基本上都是主持人把嘉宾介绍出场后，节目才正式开始。如果在节目推进过程中没有主持人的参与和引导，节目板块之间的衔接就会出现一定的混乱。而《笑傲江湖》采用的是主持人采访的形式把表演选手引入舞台。在正式表演前，主持人会依据每个选手的特点先进行一小段简单的采访，通过两者的互动激发观众对选手的好奇。主持人推动节目顺畅进行，采用的基本都是简短的访问。在场上、场下的互动中，看似轻松的调侃或拥抱其实都起到了一种引导的作用。在舞台上，当导师与选手产生分歧的时候，主持人会考虑到节目的进程，说一些巧妙的话语或采用其他方式，化解他们之间的尴尬，从而保障节目的顺利进行。在一期《笑傲江湖》中选手与导师发生争执，导致节目无法顺利推进。这时主持人迅速反应，及时安抚双方的情绪，化解了场上的尴尬，从而使节目得以顺畅的进行。

从舞台表演的可看度来讲，喜剧真人秀节目主持人作为节目的推动者，不仅保证了节目的顺利进行，同时也是节目需要时的积极参与者。比如在《笑傲江湖》的一期节目中，有一位选手是相声演员，他表演的是推销快板。主持人大鹏积极主动地配合选手进行表演，同时，还在现场挖掘出选手的其他才艺。其间两人的互动为节目增色不少。在互动的过程中，主持人既发挥了其在节目中的积极作用，还通过对选手的细致观察，恰当引领，使得选手的才能得以全面展示。

## 三、节目主题的升华者

电视节目追求的目标，是把节目所要表现的内容连接成一个有机整体并贯穿于节目的始终。电视节目的主题是在大量素材的基础上提炼而成的，是节目意图和方针在节目中的体现。节目所要传达的核心理念一旦确定，反过来就将主导整个节目的制作，成为节目取舍素材、确定表现形式和方法的依据。

节目主题具有时代性和社会性，是节目制作者从观众的需求出发能动认识和处理素材的产物。观众收看的每一期节目，甚至节目中的每一个环节都会体现节目制作者的创作意图。如果在节目传播过程中制作者的意图没有得到很好的体现，就会导致节目的传播效果大打折扣。在节目传播过程中，节目所要传达的核心思想要想得到良好的体现和传达，作为节目最终呈现者的主持人在节目中就必须发挥一定的积极能动作用。优秀的节目主持人经过与编导等的沟通，会非常明确节目的意图和方针，在需要着力的地方就会着重强调。相反，一些主持人由于前期的沟通及自身的理解力欠佳，在节目的进行过程中不能把握节目的核心理念，弄得观众一头雾水，使得节目的影响力大大降低。

主持人在节目的推进中仅仅抓住节目的主题还不够，一名优秀的真人秀节目主持人还应该能够总结和升华节目的主题，在谈笑之间发挥寓教于乐的作用。主持人要具备一定的敏感度，在节目中要善于捕捉选手身上的闪光点，并结合主题使之完美呈现。在一期《笑傲江湖》节目中，一位年轻选手表演结束后，在主持人与选手的交流中，主持人得知该选手是母亲陪同来参赛的，便邀请其母上台，其母讲述了这位选手不为人知的艰辛的求学经历，让大家对这位选手有了更多的了解。如果主持人没有捕捉到选手母亲在现场的细节，可能也就无法知晓选手艰难的求学之路。因此，主持人在节目推进中要注意观察，善于抓住细节，由点及面对选手进行全方位的挖掘，这样节目的可看性才会更强，传播效果才能更好。通过主持人对选手的采访，观众在获得欢乐的同时，也从节目中获得了正能量，节目在潜移默化中起到了寓教于乐的作用。

东方卫视《笑傲江湖》的定位是喜剧真人秀节目，其口号就是“生活百般滋味，人生需要笑对”。主持人在节目中就很好地把握了这一点。在一期节目中，有一组选手是小区门口卖凉皮的夫妻，他们的表演非常精彩，打动了现场的评委和观众。他们的乐观豁达让现场的观众以为他们有一个幸福的家庭，然而，出人意料的是，他们的生活并没有大家想象中那么美好。他们有一个患自闭症的儿子，为了给儿子治病，这个家庭的生活陷入了困顿，但是他们并没有被生活打败，而是非常乐观地对待生活中的种种不如意。这组选手的表演以及他们的故事，与节目传达的主题深深地契合上了。在选手表演结束后，主持人大鹏手里端着一碗凉皮，深情地说了一句："生活百般滋味，人生需要笑对。"这句话不仅传递了节目的核心理念，还通过采访选手背后的故事，使得节目的内容得到了升华，收到了良好的传播效果。

## 四、节目人文关怀的体现者

何谓"人文"？人文一词最早出现在《易经》中。《易经》贲卦的彖辞上讲："刚柔交错，天文也；文明以止，人文也。观乎天文以察时变，观乎人文以化成天下。"尊重受众，尊重电视机前的每一个个体是节目中人文关怀的体现，也是节目制作的必然趋势。随着当前受众生活压力的增大，电视节目的作用之一就是缓解受众的压力。而作为有强烈社会影响力的电视人应该担当起这份责任，表现出深切的人文关怀。同时人文关怀也是塑造节目人文精神的必然要求。

在喜剧竞技类真人秀节目的竞争中，为了更好地突出节目的优势，提升其文化品位，塑造良好的形象乃至提高市场竞争力，在节目中加大对人文关怀的体现是有效的手段之一。

作为节目策划的最终体现者，主持人在节目中对人的关注和尊重也是必不可少的。主持人汪涵曾在节目中对"主持人"这三个字做了一个全新的阐释，他说，"主"可以理解为是头脑，"持"可以理解为是一种技巧，而"人"则可以理解为人应该具有高尚的情怀和人文关怀。在真人秀节目中，面对各种各样的选手，面对他们的喜怒哀乐，主持人更应该具有人文关怀。这不仅体现了主持人的自身素养，同时也是节目应该努力追求的境界。在《笑傲江湖》节目中，很多时候主持人对选手的一个拥抱、一个鼓励的动作、一句善意的调侃，都是人文精神的一种体现。人文关怀看似有些虚无缥缈，其实它就蕴藏在节目主持人的话语、情态和形体动作中。如果主持人能够真正领悟其中的含义，真正领会节目的核心意图，设身处地为选手和观众着想，那么"人文关怀"一定会落到实处。

一档优秀的喜剧类真人秀节目能够产生巨大的影响力，与制作团队中每一个人的付出都密不可分。主持人作为节目的核心组成部分，其在节目中如何定位自身的角色，直接关系到节目的成败。同时，主持人在与选手的互动过程中所表现出来的语态、动作、表情以及应变等恰切与否都将影响节目的可看度与精彩度的高低。所以，主持人只有明确自身的角色定位和工作职责，才能呈现最真实、最真诚的交流，才能全身心地为受众服务。锦上添花不是最终目的，期期精彩才是其最终追求。

（作者单位：北京现代音乐学院）

# 试论娱乐节目主持人有声语言的创作空间

冯鑫燚

近年来，随着娱乐节目越来越受观众的喜爱和追捧，娱乐节目主持人也吸引了来自观众、业界和学界更多的关注。他们在工作中的表现所获评价莫衷一是；同为娱乐节目主持人，所处的媒体级别不同，作为主持人的创作层次也不尽相同。可以说，全国这么多娱乐节目主持人，把节目做得好的有，做得很差的也比比皆是。如何对他们的有声语言创作做一个理性的价值评判，什么样的娱乐节目主持创作才算是好的有声语言创作，引发了笔者对娱乐节目主持人有声语言创作空间的思考。

既然是“空间”，那么这一空间可大可小，相应地也会有其底线、上限的追求。中国播音学专家张颂先生在《播音创作基础》中提出了有声语言创作的“三重空间”，即生存空间、规范空间和审美空间。①顾名思义，生存空间是指那些没有经过雕琢、打磨的原生态的语言，它生动、活泼，包罗万象、有好有坏；规范空间指的是那些遵循语音、语法规范的，为大众所认可、接受的语言，它剔除了生存空间中那些方言土语、难登大雅之堂的部分；审美空间，则是在规范空间的基础之上那些能够带给人们审美体验的语言。在这里，笔者想借鉴张颂先生提出的“三重空间”理论来诠释娱乐节目主持人有声语言的创作空间。

## 一、娱乐节目主持的生存空间

娱乐节目主持人的创作空间，首先是行使基本的节目主持职能，这一层面，可谓生存空间，与张颂先生的表述一致。娱乐节目必须制造娱乐，否则就失去了立身之本，因此要求主持人善于营造娱乐氛围，这一层面由节目的特性预先决定了，也

① 张颂：《播音创作基础》(第三版)，中国传媒大学出版社 2011 年版，第 6—7 页。

是对娱乐节目主持人的基本要求。对于娱乐节目主持人来说，有声语言创作的生存空间已经不是“纯”的原生态，而应该是已经达到创作层面的广义的原生态，既包含阳春白雪的表述，又囊括下里巴人的表达，它生动、活泼，有别于新闻节目主持的创作，具有娱乐的特质。

好的娱乐节目要求主持人必须具有娱乐能力、幽默能力，能够体现节目的特色。一个合格的娱乐节目主持人能够随时调动气氛、随机应变、灵活地捕捉笑点。这还涉及主持人自身的个性，一般要乐观、幽默、健谈，才有可能成为一个好的娱乐节目主持人。娱乐节目的收视群体非常广泛，从城市到农村，包含各个文化层次的男女老少，可谓众口难调。那些性格偏内向、比较被动的主持人一般很难胜任娱乐节目主持工作。

娱乐节目主持的生存空间要求主持人在有声语言创作中行使娱乐职能。首先，要求主持人在串联节目时，运用娱乐的方式。其次，要求主持人善于捕捉娱乐的点，制造娱乐。台湾综艺娱乐主持人吴宗宪为很多年轻观众所熟知，我们来看他在节目中捕捉到的笑点：

（嘉宾金刚，他正在做一个节目，主持人就节目对他进行采访）

**金　刚**：就是一个交友节目，比如说我们请一个女生，然后请三个男生来，然后他们就自己选择嘛。

**吴宗宪**：是这样的内容是不是？听起来好普通喔。

**阿　雅**：但是现在时代不一样了，来的人也不同，对不对？

**金　刚**：对，对，有些（人）真的很敢，真的很敢。

**阿　雅**：现在女生比较敢还是男生？

**金　刚**：其实都很敢，你会发现……

**吴宗宪**：（打断金刚的话）他们都住比较远啦，来到现场都很“赶”！

（女嘉宾是魔术师）

**阿　雅**：你自己最擅长变哪一种？

**嘉　宾**：嗯，像我，预言！

**阿　雅**：预言？

**嘉　宾**：对，预知一些……

**吴宗宪**：（打断嘉宾的话）预支啊？就现金不够嘛，先跟你预支？

吴宗宪在把握节目进程时使用了娱乐的方式，他善于运用谐音的方法挖掘到一些笑点，虽然比较中规中矩，但无疑凸显了节目的娱乐特色。这样就达到了生存空间对娱乐节目主持人有声语言创作的要求，给观众带来了欢乐。当然，幽默也要把握分寸，一些滑稽、贫嘴、挖苦伤人的话要慎讲，幽默不应该是恶意地拿人开涮。对于主持人来讲，善意地帮助他人摆脱尴尬和窘态才是幽默的出发点。[①]

## 二、娱乐节目主持的规范空间

有声语言创作讲究规范，主持娱乐节目也不例外。我们说，有声语言创作的规范空间包括语音的标准、语法的规范、语流的顺畅，摒弃生存空间中那些粗俗、简陋的语言，使其规范为适于广泛传播的、"上得了台面"的语言。然而，同样是"规范"，娱乐节目主持的规范度显然不同于新闻节目主持的规范度。新闻节目要求主持人语言准确清晰、朴实无华、简洁明快、平稳顺畅，娱乐节目对主持人语言的规范度要求相对稍低一些。娱乐节目主持中的有声语言在基本规范的基础上可以更生动、活泼，句式更为灵活和口语化，可以运用更多的修辞。

当前的娱乐节目主持人在语言规范上无疑是存在问题的，很多地方台在做综艺节目时大量使用方言。比如江苏卫视的《一起来笑吧》，从主持人的"港台腔"到节目中选手的东北话，一档娱乐节目中没有一个人正经说普通话。难道离开方言就不能很好地娱乐了吗？

中央电视台主持人王冠在节目中就有点"假嗨"，这可能与她的年龄和生活阅历有关。她在节目中的表现总让人感觉不走心，对嘉宾的关切表现得很不由衷。反观她的主持，基本只做到了串场，很少有临场的应变、发挥，与嘉宾和观众互动也没有能让人产生共鸣的点。她在节目中的"嗨"，更像是一种表演出来的"嗨"。吴郁教授曾总结过主持人的五大功能，分别是衔接功能、叙事功能、沟通功能、评论功能和掌控功能。[②]其中衔接功能是最为基本、常见的，要求娱乐节目主持人串联节目的不同环节，重视对信息的加工，使其便于被观众接收，巧妙地勾连衔接前后内容。叙事功能要求主持人对信息作出适合广播电视传播、吸引受众收听、收看的转述，要求主持人能将事件的来龙去脉表述清楚、善于运用悬念引人入胜。沟通功能，是主持人的重要职能(其主要形式包括主持人与嘉宾的交流，通过微信、短信、热线电话及网络与观众的交流，与现场观众的交流和主持人之间的交流。交流的内容包括观点的沟通、情感的沟通、心理的沟通等)，作为娱乐节目主持人，更要求在采访、谈话、讨论过程中很好地与各方沟通，挖掘可以放大的点。评论功能要求主持人能够对人或事或社会现象作出实事求是、合情合理的分析与评论。掌控功能是综艺娱乐节目主持艺术的核心，主持人的掌控功能主要表现在两个方面：一是

---

① 吴郁：《当代广播电视播音主持》(第二版)，复旦大学出版社 2008 年版，第 311 页。
② 吴郁：《当代广播电视播音主持》(第二版)，复旦大学出版社 2008 年版，第 88—91 页。

准确熟练地体现节目意图，确保具体方案和程序的正常进行；二是灵活机智、迅速得体地处置现场发生的意外，保证节目的顺利播出。王冠的主持之所以很难打动观众，就是因为她对于沟通和掌控两种主持职能把握不当。

这就延伸到了另外一个问题——主持人有声语言的正确创作路径。娱乐节目需要主持人给观众带来快乐，"嗨"并没有错。关键在于怎么个"嗨"法，"嗨"得有没有必要，能不能给人思考、回味的空间。凭空"嗨"肯定会让人厌烦，找对"嗨"点，由内而外地调动思想感情，自发地"嗨"才能让观众产生情感共鸣，否则只能是唱筹量沙。在主持中令观众感觉到不真实，大致有如下几点原因：挖掘不深、缺少激情、虚假的对白、表演夸张造作。[①]挖掘不深就是功课没做足，没有在节目前做好广义备稿，没能找到嘉宾身上适合挖掘的点，没想到观众想要了解的信息。功课没做足自然会导致工作过程中缺少激情，了解是发言的前提。我们常说，主持人要"说人话"，即主持人必须像一个正常人那样发自内心地说话，不能带有过多表演成分，矫揉造作、装腔作势均不可取。好的主持人必须能设身处地地为观众着想，观众应该知道什么、想要知道什么，都是主持之前应准备好的。

## 三、娱乐节目主持的审美空间

除此之外，娱乐也分品相，娱乐也讲文化、讲智慧，娱乐也还要讲关怀。好的娱乐是健康的、友善的、智慧的，根子上必须有人文关怀做底。好的娱乐似美酒，回味甘甜。而一般的娱乐不过引人临时一笑，但其回味是苦涩的、清冷的，甚至会倒胃口。这一层面，可谓娱乐主持的审美空间。好的娱乐节目主持人，自然有良好的娱乐品位，其背后的支撑，当然是良好的人文素养和生活品位，所以娱乐节目主持人不能忘了读书，不仅要读好有字书，还要读好无字书。

娱乐也有品位高下之分。作为大众传媒节目，主持人要想长期获得大众的认可，就不能将娱乐混同于生活中的搞笑。我们可以试着给娱乐主持的品位划一个层级出来，第一级是滑稽，第二级是幽默，第三级是文化品位、关怀品位。每一层级的攀升都是一个跨越，比如从滑稽提升到幽默就是一个质的提升。

娱乐节目主持人谢娜，她的特点是能表演、模仿，在节目中与嘉宾同台竞演，形成反差，以达到突出嘉宾的效果。有一期《快乐大本营》请张芸京做嘉宾，他在舞台上表演吉他弹唱，改编一首《找自己》来做自我介绍。他还把《找自己》和《小黑裙》串联在一起，加入 R&B 元素，发挥了自己作为歌手的优势。为了形成反差，何炅请谢娜也来一段吉他弹唱，谢娜选择的是《外婆的澎湖湾》，节奏明快、搞笑。谢娜

---

① 〔美〕豪斯曼·本诺特等：《美国播音技艺教程》，王毅敏译，复旦大学出版社 2007 年版，第 258—259 页。

完全可以唱得更好，但她为了突出嘉宾选择了一种自嘲的方式，博得观众开怀大笑。这也是一种幽默的方式。

说到文化品位，我们来简单回顾一下汪涵在节目中的表现。2014 年 1 月 3 日播出的《天天向上》中，汪涵讲解了压岁钱的由来：

**汪　涵：**说一说不是特别开心的事情。

**钱　枫：**不是特别开心的事情，就是我现在没什么不是特别开心的。

**杨钰莹：**都很开心。

**田　源：**有有有！小五就有！

**小　五：**我们长辈呀，那个大妈、大爸都会给一些那个红包呀……

**众：**压岁钱！

**小　五：**对，压岁钱。都被我妈收了，妈妈说替你保管，我到现在都不知道去哪儿了。

**汪　涵：**是吧，现在有一个节目叫《红包去哪儿了》不是吗？

**杨钰莹：**原来爸爸妈妈欺骗小朋友的这个伎俩，我觉得是跨国的。

**汪　涵：**全球通用的！

**田　源：**爸爸妈妈拿着红包去哪儿了？

**汪　涵：**这个压岁钱啊，是有讲究的。"岁"呢，是一个怪物，它每到大年三十晚上呢，就会偷偷地出现摸小孩子的额头。

**众：**哎哟……

**汪　涵：**被它摸过的小孩就会连续咳嗽。

**杨钰莹：**咳咳……（作咳嗽状）

**汪　涵：**那么这个家长呢，就为了把这个"岁"吓走……"岁"这个怪物啊，它最怕一样东西——它怕钱。

**钱　枫：**噢……好惨哪，我们都喜欢钱啊。

**汪　涵：**然后爸爸妈妈呢，那个时候，古代哈，就会拿几枚铜板放到小孩子的枕头底下。然后呢，还要"守岁"，就是守在小孩身边，看这个"岁"到底有没有来。

**众：**噢……

**汪　涵：**所以就叫"压岁钱"。

不难看出，汪涵在这一段中的领导作用。大家在搞笑的同时，他来把握节目的进度，适时地接话茬，引出"压岁钱"的由来。讲解的同时不忘与其他主持人互动，营造出良好的讲解氛围。这一段饶有兴味的关于"压岁钱"的讲解无疑给节目贴上了文化标签,也就是我们所说的娱乐节目主持人有声语言创作的文化品位。2006年《新周刊》将汪涵评为年度最佳主持人和最佳选秀类节目主持人,同时给出了这样的评语:“能准确地把握选秀类节目的草根本质,以通俗不流俗、轻松不轻佻的风格调节着明星与粉丝、电视与观众的感情浓度,让选秀类节目在他的调度之下成为全民狂欢、情感投入的引力场。”[①]作为娱乐节目主持人,汪涵也常常在节目台本之外说出一两句发人深省的话。例如汪涵在节目中重新阐释“三心二意”:让父母放心,让爱人开心,让领导省心,对女人善意,对男人随意。再比如他在节目中说:“不管人也好、树也好,越想花枝招展,就越要往泥土里钻。往地下钻是痛苦、孤独的,但只有这样才能积蓄养分。”他并没有说什么高深的道理,这样浅显的话,小学生都听得懂,成年人也有东西可以感悟。这就是我们所提倡的能够发人深省的创作,这种创作不可能不依赖主持人生活经验的累积,与主持人人生的宽度和广度大有关系。

## 结　论

三重空间的大致分层,构成了娱乐节目主持的立体空间,但并非彼此孤立,而是彼此相融,常常你中有我,我中有你。生存空间,虽然行使基本职能,但紧要关头,基本职能的履行却关乎节目的成败,主持人有横刀立马、力挽狂澜的作用。此时,生存空间所展现的生命力震撼视听,无疑直接连通审美空间,给人带去惊人的审美体验。娱乐有雅俗和高下之分。雅的、高层次的、智慧的娱乐,自然能够连通规范空间和审美空间。反过来,审美空间不是空中楼阁,而是产生于节目的需要,即必须是在行使基本主持职能和追求目标的过程中自然产生的,否则就会造作、生硬、“掉书袋”,也就与健康的品位无缘了。

(作者单位:中国传媒大学播音主持艺术学院)

---

① 转引自吴郁:《当代广播电视播音主持》(第二版),复旦大学出版社 2008 年版,第 289 页。

# 广播电视话语样态多样化成因刍议

## ——以“宣读式”样式为例

舒　欣

样态，指人或事物在一定时期内存在的整体外貌和形态。我们所探讨的在广播电视语言传播环境下的话语样态，指的是在有声语言创作实践当中呈现出来的，具有不同表现特色和程度分寸的话语表达形式，它是由广播电视语言传播的话语样式和话语体式相互结合而形成的。话语样式作为有声语言的基本态势和主要形式，随着广播电视语言传播实践的不断发展，逐渐形成了宣读式、朗诵式、讲解式和谈话式四种类型。话语体式则是对语言传播表现风格的一种概括，依据有声语言在不同语境中所呈现的不同格调和气氛，大体划分为高雅庄重、平实正规、通俗灵动和消闲自在四种体式。当二者相互融合时，以“朗诵式”样式为例，我们便可以得出高雅庄重的朗诵、平实正规的朗诵、通俗灵动的朗诵和消闲自在的朗诵这四种不同的话语样态。以此类推，就衍变出了 16 种较为基本的话语样态。当然，这样划分虽指意明确，但却缺乏一些灵活性。张颂先生在《播音创作基础》一书中曾说：“这 16 种基本话语样态，又能衍生出各式各样的无数具体样态……”因此，当下的语言样态是以这 16 种为基础，呈现出多样化的态势。

当我们进行有声语言创作时，在依据文体选定恰当的话语样式后总会选择一种或几种话语样态来进行表达。以“宣读式”为例，“宣读式”又叫作“播读式”，在当今广播电视媒体“新闻立台”的大背景下，“宣读式”的适用范围是非常广泛的，比如会议决议、通告讣告、命令通知、名单简历、法律条文、实时资讯等。

这些稿件一般是不做口语化处理的，必须一字不差地照原稿播出，所以它带有很强的书面语特征。在决定采用“宣读式”样式后，接下来要考虑的就是在“高雅庄重的宣读、平实正规的宣读、通俗灵动的宣读、消闲自在的宣读”这四种样态中选用哪一种样态进行播报了。那么此时我们选择的依据是什么？选定后是否还需要进行具体调整？本文欲带着这些问题，分析“宣读式”话语样态的多样化成因，希望能为其他话语样态的多样化成因研究起到抛砖引玉的作用。

## 一、栏目定位不同

广播电视在设置栏目时都有其恰当的定位。栏目定位作为一档栏目的灵魂，决定着该栏目与其他栏目的区别。因此，不同栏目因其栏目定位的不同便会在节目中更多地选用某类话语样态。

《新闻联播》与《朝闻天下》同为新闻播报类栏目，但因它们的栏目定位不同，话语样态的采用便有了各自的特色。《新闻联播》是我国重大新闻的第一发布平台，是同类栏目里最具权威性、公信力和影响力的“第一节目”，在某种程度上，它往往代表着中央的表态和“定调”。所以，在《新闻联播》栏目里主播更多采用的是“高雅庄重的宣读”和“平实正规的宣读”两种样态。虽然随着栏目的改版“通俗灵动的宣读”也时有出现，但从栏目的常态发展和目标方向上来看，还是会以前两种样态为主，从而符合栏目定位以达成传播目的。而《朝闻天下》作为一档早间新闻资讯类栏目，它的定位则是“新闻服务生活、服务你我”，播报样态更多选用的是“通俗灵动的宣读”和“消闲自在的宣读”，即便是严肃的新闻一般也只采用“平实正规”而不是“高雅庄重”的播报方式。这是由其轻松自然、清新明快的栏目定位决定的。所以，在不同栏目里，无论是不同新闻稿件还是同一新闻稿件，由于栏目定位的不同，它们采用的播报样态一定是各具特色的，一定是符合其栏目本身定位的。

## 二、创作主体不同

播音员主持人作为播音创作主体，他们对稿件的理解、感受和表达总是不尽相同的。由于每个创作主体的性格气质、生活经历、业务条件与语言功力不同，他们在播音创作中表现出来的风格与特点也会有所不同，所以播报样态也就灵活多样。

在《新闻 30 分》栏目里，贺红梅一贯以大气又不失亲切、沉稳又不失灵活的播音风格驾驭新闻，她采用的语言样态多以“平实正规”和“通俗灵动”为主。而李文静因为是出镜记者出身，她的播报则显得比贺红梅要亲和、随意一些，更多以“通俗灵动”和“消闲自在”的播报样态示人。同样，在《新闻联播》栏目中，王宁的风格以庄重大方见长，他的播报样态一般介于“高雅庄重”与“平实正规”之间，而康辉则显得更加平和一些、更有活力一些，往往介于“平实正规”与“通俗灵动”之间。在同一栏目里，虽然不同的创作主体因为各自的风格特点不同而选用了不一样的话语样态，但却都给观众留下了深刻的印象。同一档栏目，不同的创作主体会采用不同的话语样态进行播报，那么同一篇稿件，不同的创作主体在播送时也会呈现出不同的话语样态。2012 年 9 月 10 日，外交部就日本购买钓鱼岛及其附属岛屿发表严正声明，中央人民广播电台在下午的《新闻晚高峰》中由苏扬率先播报，中央电视台则在《新闻联播》中出现了由彭坤配音的字幕新闻。同样的一条声明新闻，两位播音员所选用的话语样态却并不相同。苏扬的表达刚正严肃、义正词严、铿锵有力，表现出了对日本政府的强烈谴责和愤慨之情，真实地表达了我国政府和人民的心声，其所呈现出的语言样态甚至比“高雅庄重”的程度还要略微高亢一些；彭坤的表达则大方沉稳、不卑不亢、娓娓道来，既表达了对日方政府的失望与不满，也表现出了我国宽容大度的大国风范，播报样态介于“高雅庄重”与“平实正规”之间，也同样恰当地传达了我国政府的态度。总之，不同的创作主体总会依据自己的风格特点选用合适的话语样态，从而达到创作目的，创作主体风格特点的多样化间接造就了话语样态的多样化。

## 三、传播受众不同

每一档栏目都有其主要针对的受众，栏目各方面的设置也会以传播受众的特点为转移。广播电视话语样态作为受众能够直接感受到的语言表达形式，它的选择与运用会受到传播对象的极大影响。

《国际时讯》作为一档较为专业的新闻资讯栏目，它的受众主要以关心国际新闻的成年人群为主，以知识分子、公司白领、专家学者等为代表，主播柴璐和杨晨一般会选用“平实正规”的话语样态，以公正客观的态度进行新闻播报，比较符合受众的心理需求。《新闻袋袋裤》这样的儿童新闻栏目则以少年儿童的视角解读新闻、分析时事，它的受众主要是少年儿童和学历层次不高的学生人群，栏目主持人也均为学生。这些小主持人大都采用既符合自身特点又符合受众特点的“通俗灵动”和“消闲自在”的话语样态。同样，中央人民广播电台以老年朋友为主要受众的《老年之声》和以台湾同胞为主要受众的《中华之声》，播音员主持人一般会采用较为舒缓的语速、较为温和的态度，选择的话语样态不会是“高雅庄重”的宣读而是更多地采用“通俗灵动”“消闲自在”的播报样态。在这些栏目中，话语样态的选择基本上依据的都是受众的特点，因为不同的受众对节目信息的接收会有不同的特点，所以播音员主持人在选择话语样态时便不得不满足他们的独特需求，从而实现栏目的传播效果。

## 四、传播目的不同

每档栏目、每条信息在进行传播时总会有预先设定好的传播目的，不同类型的栏目和信息总会有不一样的传播目的。因此，为了实现这些传播目的，我们便会选择恰当的话语样态，进行有效传播。

《感动中国》是中央电视台倾力打造的一个品牌栏目，它以评选出当年最震撼人心、最令人感动的人物为主要内容，栏目的传播目的就是想通过对这些感动人物事迹的描述，宣传正确的社会发展方向、社会价值观取向及时代精神，体现中华民族的传统美德和良好社会风尚，让观众感受到令人震撼的精神力量。所以主持人在宣读“感动中国年度人物颁奖词”时，往往会采用歌颂、抒情的表达方式，选用“高雅庄重”的播报样态，从而表现出对获奖人物的赞扬、尊重与敬意。同样，在播发一些有关重大事件的稿件时，一般也会采用“高雅庄重”的话语样态，以实现传播目的。在“5·12”汶川特大地震赈灾晚会上，罗京现场宣读了国务院决定设立全国哀悼日的公告。他的宣读庄严郑重、哀而不伤，恰当地表达了对遇难同胞的深切哀悼，可谓“高雅庄重”样态的典范。不过公告与公告之间也会有所不同，有的公告，比如像颁布国家法律的“主席令”和颁布国务院行政法规的“总理令”，传播目的只是一般性的公告通知，不包含特殊含义，那么在话语样态的选择上往往以“平实正规”的宣读为主。还有一些提示或服务类新闻，比如 2013 年 1 月 3 日的《新闻联播》中“生活服务台”和“假日服务台”板块，旨在宣传新交规、敬告观众要养成良好开车习惯和节假日铁路高峰、提醒观众要注意票务变化。这类新闻的传播目的属于善意提醒、温馨提示，所以不需要过分正式地宣读，“通俗灵动”的播报样态更加适合。总之，在选择话语样态时，传播目的也是我们必须考虑的因素之一，只有明确目的才能有的放矢，才能让语言打动人心。

## 五、稿件文体不同

随着“三贴近”和“走转改”方针的贯彻落实，新闻稿件的写作手法变得不拘一格，各式文体都会在新闻稿件当中出现。因此，我们在播送时也要选用恰当的话语样态来进行表达，体现出采编者的写作目的，真正做到“有稿播音锦上添花”。

在一些关于领导人走访活动或重要会议开幕的新闻中，正文之前往往会有一到两句或是抒发情感，抑或是描写气氛的对仗句式，这类语句的处理一般会和下文有所不同。比如，2012 年 11 月 29 日《新闻联播》的头条“18 届中央政治局常委参观《复兴之路》展览”，稿件的第一句是“百年奋斗铸就历史辉煌，信心百倍推进复兴伟业”；2011 年 4 月 24 日《新闻联播》的头条“庆祝清华大学建校 100 周年大会在北京举行”，稿件的第一句是“百年沧桑自强不息，世纪华章厚德载物”；2009 年 10 月 1 日《新闻联播》的头条“国庆 60 周年阅兵仪式在北京举行”，稿件的第一句是“六十载奋斗创业，一甲子春华秋实”。这些语句都不是一般性的客观事件陈述，播送它们的时候宜选用“高雅庄重”的话语样态，它们之外的其他语句可再转为“平实正规”的话语样态。再如，在 2008 年 8 月 8 日《新闻联播》头条“北京奥运会开幕”的新闻中，通篇稿件基本上采用的都是对仗、排比、比喻这类修辞手法，与一般性的新闻稿件有很大不同。因此,罗京在配音时选用的也是“高雅庄重”的播报样态,并在此基础上又对语句的处理进行了色彩和分量上的变化,这样既符合稿件文体的要求,又传达了新闻的内容,同时还体现了话语样态的多样性。在2012年12月21日和12月31日、2013年1月1日和1月2日的《新闻联播》中,推出了“央视述评”的板块。由于文体通俗、接地气,康辉和李瑞英在播送时都采用了较为轻松、“通俗灵动”的播报样态,使人耳目一新。尤其是康辉《明天太阳照常升起》一则评论的播报,甚至可以用“消闲自在”来形容,既发表了犀利准确的评论,又消除了人们对“世界末日”的恐慌。追其缘由,依据文体选择了恰当的话语样态是播报成功的根本原因。

## 六、其他因素不同

除了上述五点不同以外,其他一些因素的制约也会对话语样态的选择产生影响,并促成话语样态的多样性变化。比如,内容重要的新闻我们往往采用色彩程度较为正式的话语样态,内容不重要的新闻我们在处理上就会略显随意一些;突发和不常见的新闻我们可能会采用灵动多变的语言样态,较为普遍或常见的新闻我们便采用较为平实的语言样态。陈晓鸥在《广播电视语言传播风格多样化研究》一书中也将“所处场合的正式程度、气氛的庄重程度、传受双方关系密切程度”等列入影响话语样态选择的因素之中,并提出了“就是同一格调也包含着多种格调色彩,比如高雅郑重的格调也有的热烈、有的深沉、有的奔放、有的含蓄”。这恰恰印证了话语样态将呈现多样化趋势的必然规律。

## 结　语

有声语言的表达千态万状,受众的收听收视需求千变万化。我们在播音创作实践当中唯有选择正确恰当的话语样态,才能使信息的传播更加有效、更加成功。话语样态的多样化趋势要求我们在实践当中不断总结经验、发现规律、勇于探索、敢于尝试。在实践中要更好地表达出每种样态的独特之处,表现出每种样态的独到之美,从而对提升播音创作实践水平起到良好的推动作用。

**参考文献:**

[1]张颂:《播音创作基础》(第三版),中国传媒大学出版社2011年版。

[2]张颂:《播音主持艺术论》,中国传媒大学出版社2009年版。

[3]陈晓鸥:《广播电视语言传播风格多样化研究》,中国广播电视出版社2007年版。

[4]姚喜双:《播音主持概论》,高等教育出版社2012年版。

(作者单位:中国传媒大学播音主持艺术学院)

## 【人物追忆】

# 最华丽正气的中国之声——李易

阎 亮

2013年7月23日凌晨，李易因病去世的噩耗把我从梦中惊醒。李易的影像和言语立时充盈我的脑海和心头。

2002年年末，我有幸走进纪录片、广告配音市场。那个时候去过的很多录音棚为了展示自己的实力都会对新来的我说“李易总来我们这儿配音”。似乎“李易”这个标签放在那里，那里就会制作出配音界最高水准的作品。

可以说，李易毫无疑问是90年代以后配音界，尤其是影视广告、纪录片配音界的殿堂级大师，是这个年代最正气、最华丽的中国之声。作为小辈的我，经过再多的努力，也难以望其项背。于是那个时期对见到他既期待又恐惧，期待能够结识当今中国顶级声音的拥有者，恐惧自己微不足道不能与他自然交流。直到有一天，正在录音棚为Discovery配音的我，中间休息时发现客户区坐着一位留着浓密整齐短发、目光炯炯有神、身材略微发福的中年男子。他进棚刚一开始说话，我立刻意识到，这就是我仰慕已久却从未谋面的李易。

在这之后的日子里，和李易的每一次见面，都让我受益匪浅。他的豁达、爽朗、平易让我非常钦佩，他的坎坷经历、对业务的不断追求与独到见解更使我决定以他为题创作自己的硕士毕业论文。

2004年，在时任中国传媒大学播音主持艺术学院副院长、播音系系主任付程教授的指导和支持下，我负责与北京世纪名座文化发展有限公司合作建立影视配音实践教学基地——影视配音通道班。名座公司还出资在我院设立“名座传媒影视配音艺术奖学金”，用以奖励优秀教师和学生。作为名座公司的董事长，李易投身到这一对我国影视配音教育事业具有里程碑意义的工作中来。最终，我们的影视配音艺术课程建设获得了2008年度北京市教育教学成果（高等教育）二等奖。

长期的播音实践，造就了一批批优秀的、风格独具的播音员主持人。在年轻一代的播音员中，李易凭借他不断探索、不畏坎坷、乐观自信的精神，在经历了20多年的播音实践后，逐渐形成了相对稳定的播音风格，尤其是含蓄、深沉同庄重、稳健相融合的刚柔并济的影视配音艺术风格。大家熟悉的“中央人民广播电台中国之声”“您正在收看的是，中央电视台新闻频道”“经济频道，就在您身边”“您正在收看的是，中央电视台体育频道”“您正在收看的是，中央电视台电视剧频道”等都是他个人艺术风格的鲜明体现，李易用自己的声音塑造了国家泱泱大台的权威风范，同时又体现了平实、朴素服务于大众的目的，给国内外的观众留下了深刻的印象。

1991年李易开始为广告配音。他的声音浑厚兼具响亮，气势磅礴，声线中充满了爆发力，听感上给人以庄重、大气的印象，故而深受企业类广告的青睐。他独创性地开辟出了被业内称为“大力丸”式的配音路线，这种声音在20世纪90年代盛极一时。这种力量型的配音同样表现在那一时期的各种大型纪录片中，比如《周恩来外交风云》《改革开放二十年》《天安门》等。

他说这种风格来自于那个时代，来自于行业市场，但他个人更偏爱含蓄深沉的表达风格。正如李连杰在电影《精武英雄》中所说“刚缺柔，是浪费力气；柔缺刚，是攻而不克”。“刚柔并济”的思路最终使李易形成了成熟的语言风格。《百年小平》《再说长江》《复活的军团》《圆明园》《考古·中国》等，都是他生活化、平实质朴的配音代表作。

记得研究生在读期间，我曾一度痴迷于影视配音，每天在宿舍用电脑录下电视里播放的各种配音作品，然后分类整理学习。我曾被一个讲述故事般的节目吸引，这个节目是《环球影视》。李易以浑厚低沉、充满磁性的嗓音轻轻叙述，松弛而又含蓄，充满故事性和神秘感，一改以往这类题材节目解说的样式，引得后来很多同类栏目的配音员频频效仿。

每每和他谈到配音业务，他总是不愿多言，只是常说“要多读、多思考、多琢磨”。他不反对别人模仿他，认为只要模仿不是仅仅为了追求“像”就是可取的。他也曾把毕克、冯雪锐、施融、乔榛、魏玉平视作自己的模仿对象。在新闻播音业务上，当时中央人民广播电台对台广播部徐曼、文良、冬燕等人的播音都对他产生了巨大影响。

李易的伯乐是时任北京广播学院播音系系主任的毕征老师。一次家中的偶遇让毕老师发现并鼓励了他。1982年，声音条件出色的李易报考播音系并被顺利录取。由于父母都是广院的教师，“靠关系考进来”的说法一直困扰着他。为了证明播音系选择自己是正确和客观的，他一直不懈努力着。

虽然“天生一副好嗓”，但李易的配音之路并不像人们想象的那样顺利。在大三的时候，《红楼梦》剧组正在进行电视剧的后期配音工作，选了很多当时不错的配音演员，在剧中为“平儿”配音的播音系罗莉老师推荐李易去为“贾琏”配音。李易帅气的声音让导演很满意，但是时间一长他“过于在意声音、忽视人物内在”的缺点暴露了出来，几经调整还是无法通过，最后导演把他从录音棚里“赶”了出来，换人重配。这样的境遇让李易感到颜面尽失，甚至产生了放弃配音的念头，但几经心理斗争，年轻的他抱着学习的态度，留在了录音棚，用磁带录下了齐杰为“贾琏”的配音，决心找到自己与优秀配音演员的差距并努力赶上。事实上，这件事情对他的打击很大，让他深深地意识到没有好的表达、没有好的感觉，再好的声音也只能是一个空壳。

这样的挫折在李易的配音生涯中并不少见，每次和他谈起这些失败的经历，他总是毫不隐藏。面对众多挫折他不但没有对配音事业失去信心，反而更加激励自己不断探索和追求。他自信乐观的态度、宽广坦荡的胸襟总能让人印象深刻。“自信是前提，声音是载体，表达是关键”是他常和我提起的一句话，普普通通的十几个字体现的是他对有声语言的朴素认识，也是年轻学生需要认真参悟的艺术哲理。

在李易父母的卧室里，靠窗处有一个壁柜，里面整齐地摆满了他初入播音这一行的众多作品，这些作品都是用录像带在电视播出时同步录制下来的。每一盘录像带上都写着作品名称和录制时间。看到这些，不难想象当时李易父母那满怀期盼而又充满自豪的画面。如今，他们都已不在。

难忘配音时，他对我说“你这种听起来‘松弛’的解说，总觉得是种表演，是故意为之，要用内心的专注塑造真正松弛的氛围”；难忘每次因为工作打来电话时，他直接、简练的语言“阎亮，俩事儿，第一个……第二个……”；难忘在配音通道班一起考试、上课、烧烤的时光；难忘毕业论文答辩前，他打电话给答辩委员王鸿海说“评语写好点儿，问题少提点儿，分数打高点儿”；难忘毕业刚刚留校经济困难的时候，李易老师借给我他自己在学校的房子那天，一起去学校食堂吃西瓜和宫保鸡丁盖饭；难忘我去给他送获奖证书那天，一起在“蕉叶”我们吃咖喱蟹他喝粉丝白菜汤；难忘在我人生最低谷时，他开导我直到整个录音棚只剩下我们桌上唯一的灯光……

2013 年 7 月 27 日清晨，伴着淅淅沥沥的小雨，亲人、好友、配音爱好者等社会各界数百人来到八宝山公墓为李易送行。听着他熟悉的声音，看着央视纪录频道精心制作的《因爱而声》，我的心绪久久无法平静……李易的一生，留下了太多的经典作品和宝贵经验，为中国影视配音事业、中国播音事业作出了巨大贡献。正如影视配音实践基地教学汇报时，已故中国播音学创始人、中国播音教育界泰斗张颂教授所说：“李易的众多经典配音作品，李易为影视配音教育和中国播音学教育事业所做的这一切，必将永载史册。”

多样完美演绎，尽显语言魅力；追求卓越人生，缔造传世经典。

李易，一路走好……

**李易简介**

李易(1963.10.24—2013.7.23),男,中央人民广播电台著名播音员,影视配音艺术家,语言艺术家,中国传媒大学播音主持艺术学院特聘兼职教师。

1963年10月24日生于北京。1982年考入北京广播学院(现中国传媒大学)播音系,1986年本科毕业,分配至中央人民广播电台,在对台广播部从事播音工作。2002年,创建北京世纪名座文化发展有限公司,并出任董事长。后又与大学好友刘奇伟合作成立九方名座(北京)影视投资公司。2013年因患急性白血病,医治无效,于7月23日凌晨1点40分在北京人民医院去世,享年50岁。

李易本科在读期间便参与多部影视剧的配音工作。1991年开始为影视、广播广告配音。20多年来为大量电视剧、译制片、纪录片、广告片配音。1994年他开始为派格太合环球文化传媒投资有限公司制作的《环球影视》《环球音乐》配音(北京电视台播出)。中央电视台新闻频道、电视剧频道、电影频道、体育频道、经济频道、音乐频道、纪录频道等的包装配音都出自李易之口。

广告配音代表作品:"上海大众"系列、"奥迪"系列、"北京现代"系列、"中国移动"系列、"中国联通"系列、"中国电信"系列、"中国网通"系列、"普利司通"系列、"修正药业"系列、"天士力制药"系列、"张一元茶叶"系列、"康恩贝"系列、"东盛药业"系列、"中美史克"系列、"海尔电器"系列、"南孚电池"系列、"哈尔滨啤酒"系列、"大红鹰集团"系列、"河套老窖"系列、"哈药集团"系列、"联想"系列、"三精制药"系列、"鄂尔多斯羊绒衫"系列、"江中制药"系列、"云南白药"系列、"利群"系列、"红牛"系列,以及"德芙巧克力""雅戈尔西服""轩尼诗XO""芝华士""VISA""中国民生银行"等。

影视剧配音代表作品:电视连续剧《西游记》《张学良》,译制片《环游地球八十天》《空中大灌篮》《当男人爱上女人》《追风马》《豪门恩怨》《克莱默夫妇》《刺杀肯尼迪》《草原小屋》《肖申克的救赎》《约翰·克利斯朵夫》,动画片《海绵宝宝》等。

纪录片配音代表作品:《周恩来外交风云》《孙子兵法》《改革开放二十年》《香港十年》《欧洲中世纪文明》《罗马公主——奥黛丽·赫本》《百年小平》《小平您好》《美丽中国》《天安门》《华人在澳洲》《再说长江》《澳门十年》《复活的军团》《圆明园》《科学发展铸辉煌》《滇南印记》《大金湖》《跨国并购》《春晚》《世纪风云录——新中国外交》《决战太原》,数字电影《长江》,中央电视台《探索发现》《考古中国》《世界电影之旅》,以及广播专题节目《中国·1997》等。

他配音解说的作品获奖众多。其中包括:

广播专题节目《中国·1997》获得1998年度中国广播电视学会广播类节目一等奖;

《周恩来外交风云》获得第4届中国电影华表奖优秀纪录片奖、第18届中国电影金鸡百花奖最佳纪录片奖、第5届大学生电影节最佳纪录片奖、1998年第6届不结盟国家及其他发展中国家平壤国际电影节"朝鲜记者同盟奖";

《环游地球八十天》获得第4届中国电影华表奖最佳对外合拍片奖;

《改革开放二十年》获得第17届中国大众电视金鹰奖长篇电视纪录片奖和中宣部第7届"五个一工程"奖;

《小平您好》获得第11届中国电影华表奖优秀纪录片奖;

《圆明园》获得第12届中国电影华表奖最佳科教片奖、第26届中国电影金鸡百花奖最佳科教片奖、中国广播影视大奖第20届电视文艺星光奖电视纪录片奖;

《再说长江》获得中国文献纪录片 20 年(1986—2006)经典作品奖、优秀对外电视新闻类大奖、中国电视纪录片特别佳作奖、第 20 届电视文艺星光奖电视纪录片奖;

《决战太原》获得第 27 届中国电影金鸡百花奖最佳纪录片奖;

《复活的军团》获得第 22 届中国电视金鹰奖长篇电视纪录片作品奖最佳作品奖;

数字电影《长江》荣获 2008 中国(青海)国际世界山地纪录片节"玉昆仑"奖人文类最佳纪录片奖;

《香港十年》获得第 24 届中国电视金鹰奖电视纪录片"特别荣誉奖"、第 9 届四川电视节"金熊猫"奖国际纪录片评选社会类亚洲创作奖;

《澳门十年》获得第 25 届中国电视金鹰奖电视纪录片奖特等奖、中国广播影视大奖第 22 届电视文艺星光奖电视纪录片奖;

《春晚》获得第 26 届中国电视金鹰奖优秀电视纪录片奖。

(作者单位:中国传媒大学播音主持艺术学院)

【一线风采】

# 从《央广财经评论》的"鲜"与"线"看自媒体时代经济广播的评论树帜探索

王　强

## 一、"鲜"与"线"的传播方式符合移动收听和网络时代碎片化的传播趋势

"鲜",顾名思义就是新鲜,因为每个整点不断刷新评论内容,使得节目永远处于新闻第一线、事件最前沿;"线"则是指传播方式的纵向连续性,使得每时段的评论既角度不同而独立成章,又主题清晰而连为一体,成为每天经济之声的主线。自 2010 年 12 月 16 日正式播出以来,《央广财经评论》每周一至周五 9:00—20:00,每逢整点播出 15 分钟。围绕最新经济民生政策、现象、事件,全天持续跟踪,即时分析评论,强势引导舆论,体现经济之声"评论树帜"的理念,在各大财经媒体中独树一帜。栏目在内容上不断滚动、时时更新,使听众随时可以切入收听。而每一次节目都对最新、最前沿的财经新闻做出快速分析解读,并链接来自国内外多方面、多层次的精彩观点。这一切的精挑细选都浓缩在短短的 15 分钟内,满足了时下受众的收听需求,符合现阶段的碎片化传播趋势。

与一本书相比,报纸上刊载的内容,就是碎片化的传播;与报纸相比,微博上罗列的信息更加碎片化;而今天的广播,移动人群越来越成为主流听众,车载媒体的特性越来越凸显,他们的收听是典型的碎片化。可能随时上车,随时下车,在路上听一耳朵,下车还有别的事,所以以小时为单位的传统板块划分逐渐显现出不适应受众当下收听习惯和方式的短板。相反,以内容传播整体性消解和个性化膨胀为代表的碎片化传播越来越被大家所接受。因为当个人和公共信息都处于海量发布的爆炸状态时,我们想要获取有用信息必须通过过滤和筛选,而个人的时间和空间是有限的,作为伴随性媒体的广播,通过"鲜"与"线"的有效传播方式,做有思想的新闻和媒体成为《央广财经评论》的初衷。

现在整点播出新闻资讯的频率比比皆是，但是整点提供给听众一个有观点的新闻成为评论树帜的突出体现。因为内容足够新鲜，所以能让听众形成一有重大新闻、突发事件就选择《央广财经评论》的意识与反应，而又因为每个整点准时播出，这种线性传播的无间断性和方向确定性使听众形成了连续收听习惯。这在需要大力度报道、解读重大事件中体现得更加明显。

党的十八届三中全会于 2013 年 11 月 9 日至 12 日在北京召开，会议审议通过了《中共中央关于全面深化改革若干重大问题的决定》。对于中央如何确定全面深化改革路线图，各界抱以热切期待。但是在碎片化传播大行其道的当下，长时间、大板块、高密度的解读报道方式在精准击中要点、简明扼要、提纲挈领方面显然存在短板。连续长时间的信息轰炸势必造成听觉疲劳，影响传播效果。而线性传播的《央广财经评论》在《决定》公布后，分别在 9:00、10:00、11:00 三个时段，紧扣全会公报，对改革目标、改革路径、改革领域进行全方位阐释。9:00 的《央广财经评论》梳理"公报看点"，并作出"全面深化改革总目标，完善和发展中国特色社会主义制度，推进国家治理体系和治理能力现代化"的评论。10:00 关注"让市场在资源配置中起决定性作用"。评论以"政府和市场各安其位，市场经济才越来越有活力"为题，解读市场作用从"基础性"到"决定性"转变的重要意义。11:00 评论"赋予农民更多财产权利，建立城乡统一的建设用地市场"。这样的传播方式既大力度报道，又避免冗长拖沓；既独立成篇短小精悍，又统揽全局要点突出；既创新会议报道方式，又延伸宣传三中全会精神。这种对国家的重大政策及时关注、快速反应、深度解读，"鲜"与"线"并举的报道方式凸显了主流媒体对国家经济改革的敏感度与正确导向，有效地达到了传播效果的最大化，形成了强势的舆论引导。

而这种碎片化的传播不仅是以每个整点为轴的一天内纵向的评论报道，还包括以事件变化发展为中心的横向进行时。当以某个时间为节点，回过头将同一事件不同时期的碎片拼接起来时，便形成了一幅清晰完整但又未完待续的脉络图。

以 2013 年火爆全球的金融界新宠比特币为例。从最初的 1300 枚比特币才值 1 美元，到 2013 年 11 月一度达到 1 枚比特币值 1242 美元的历史新高，赶超同时段黄金的价格，再加上数次上演的疯狂过山车大戏使听众唏嘘不已。这期间，《央广财经评论》以最直观和最敏感的价格暴涨暴跌的重要时间为切入点，从讲解这种看不见摸不着的虚拟货币从何而来，是货币还是商品开始，到分析用比特币虽然可以买到对应货币所能买到的所有商品，甚至房子，但是这种接受度的提升并不是真正的认可，而是有营销的考虑；再到通过类比历史上的庞氏骗局和郁金香泡沫，警示中国在成为全球交易量最大的比特币交易平台后所面临的风险；最后指出尽管对于比特币的机遇与挑战各方认知存在着差异，但是在需要监管上，却有着空前一致的共识。这样横向运用"鲜"与"线"的传播方式碎片化展现出不同时期的不同侧重点，从而拼接成一幅比特币年度走势图。同时，因为事件还会继续演变发展，所以陆续还将有碎片填充进来，比如 2014 年一些重要的比特币平台陆续关闭，对于比特币来说，互联网虚拟货币将逆袭现实经济还是走向消亡，又会成为新问题，需要进一步观察，而这也是《央广财经评论》线性轨迹、碎片化传播的诱人之处。

## 二、深耕新闻的第二落点，在千篇一律中独树一帜

在新闻资源被垄断的时代，内容就是竞争力，谁掌控了新闻资源，谁就是赢家。而在自媒体时代，每个人都可以是“记者”，新闻的源头已经被共享，新闻资源的垄断已经被打破。当内容已经成为不完全竞争力时，新闻迎来了“表达时代”，评论节目更是如此。中央电视台评论员白岩松曾经把新闻资源比喻成面粉，他认为在新闻资源稀缺的年代，如果把一袋面粉放在天安门广场，100 家媒体去抢这袋面粉，只要你跑得快，你就是这场新闻资源争夺战中的赢家。但是在新闻资源共享的年代，天安门广场会有 100 袋面粉，不管你跑得快还是跑得慢，总有一袋是留给你的。所以这时就要看你用这袋面粉做成什么样的产品了。或许有 97 家都用来做了馒头，有两家用来做了面条，而有一家用来做了烧饼，谁是最终的赢家呢？同样的新闻，报道策划新颖，报道角度独特，表现形式与众不同，这样才能脱颖而出，赢得受众。所以在新闻共享的自媒体时代，如何有效利用和挖掘有限的共享资源，变“共享”为“独享”，成为《央广财经评论》的重点探索方向。而节目所寻找的新闻第二落点绝不只是背景资料的扩充，而是新闻事件的扩展和延伸，具有独立的新闻价值。它比拼的是策划力、发现力和采访水平。

回顾 2013 年，镉大米、毒奶粉、假羊肉、塑化剂、地沟油，这些食品安全问题一次又一次挑动人们的神经。食品安全报道常态化的做法一般会通过民众反映、媒体暗访将发现的问题带入公众视野，然后对日常监管机制在一些领域的失灵、措施执行不到位、多部门推诿扯皮、监管效率打折扣进行探讨，从而引发如何理顺职能部门的职责，制定长效问责机制，严把食品源头及各个环节质量关，让监管发挥“全天候”效用的思考。的确，民以食为天，食以安为先。对于食品安全越高的标准要求、越严的监管措施、越密集的舆论监督，越有利于食品安全状况的改善和提高。但《央广财经评论》梳理 2013 年媒体曝光的 12 起食品安全事件后发现，其中只有 4 件被专家确认。其他事件是媒体夸大其词，还是专家解读存疑？为什么政府、企业以及媒体在共同努力，但是消费者对食品安全的信心却未见好转？带着这样一系列的追问，以不同于常规评论报道食品安全问题的角度，2014 年 1 月 10 日 16:00 的《央广财经评论》邀请到中国农业大学食品科学与营养工程学院院长罗云波进行分析与评论。节目中，主持人和嘉宾寻找到造成专家和媒体之间判断不一致的原

因是信息的不对称，分析出其中有专业复杂性和技术门槛问题；有报道追求时效性而忽视了科学性问题；有专家缺乏自律随意点评非研究领域的无权威性问题；有科学共同体失声和缺位问题。同时客观指出中国是人口大国，也是食品消费大国，解决食品安全问题需要政府、企业、媒体以及每个人的共同努力，需要尽快完成由专家和媒体之间从信息不对称到对称的过渡。在这个过程中，建议媒体尽量等一等事实和科学；而专家则应尽量主动、勇敢一点，以负责任的态度让科学的真实尽快走进公众。因为中国的食品安全不仅需要媒体的监督，还需要各方的一起努力。

像这样跳出常规报道的模式，在新闻的广度和深度上进行拓展，才能在同质新闻竞争中独树一帜。因为这样寻找到的新闻"第二落点"是建立在对一手新闻资源深度开发基础上的精耕细作，是"有自己一套"的评论。"新闻事件有很多，听听《央广财经评论》怎么说"，这是三年多来《央广财经评论》累积下来的口碑，也代表着听众的一种收听期待。

## 三、在与谣言的赛跑中正确引导舆论，及时、主动、权威、客观评论，占领言论制高点

"当真理还在穿鞋的时候，谎言已经走遍半个世界"，这是美国作家马克·吐温的名言。身处人人都有麦克风的自媒体时代，要想在真理与谣言的赛跑中正确引导舆论，及时和主动、权威与客观必不可少。舆论能影响国家生活、群众情绪和社会稳定，而正确引导舆论可以平衡矛盾，成为消除冲突的"制衡器"和"减压阀"。相反，如果舆论引导出了偏差，则会导致公众思想的混乱，造成公众的不满，让政府的形象、政府的公信力大大受损。中国传媒大学王武录教授认为，现在的舆论环境和舆论格局都出现了明显的新变化，包括高速发展与快速普及的互联网带来的传播手段的革命性变革以及保障百姓知情权、表达权、参与权和监督权带来的舆论信息需求的重大变化。《央广财经评论》正是利用自身"鲜"与"线"的传播优势及国家级的传播平台攻破谣言，创新引导舆论，不落俗套，与时俱进。

2013 年以来，有关小产权房"建与不建"和"拆与不拆"的说法甚嚣尘上。特别是有关小产权房可能转正的猜想，让"缺证少保障"的小产权房火了一把。多地"闻声而动"，一些人抢着建、争着买，搞得人心惶惶。为此，《央广财经评论》以"解决小产权房顽疾，考验相关部门大智慧"为题进行了分析评论，立场鲜明地分析了建设和销售小产权房，严重违反国家的土地政策和城乡建设管理的法律法规，扰乱市场秩序，所以会坚决拆除和严肃处理小产权房，民众不应对此抱有任何幻想这一事实。而以正视听之后，科学解决更是关键。节目在谈到"查处小产权房考验大智慧"时建议，小产权房涉及面宽，问题复杂，应根据不同情况区别对待。有些要坚决

拆除，有些可转化为保障房供给，这样既解决了小产权房的退出问题，又能解决部分中低收入人群的住房问题，同时还杜绝了资源浪费和环境污染。至此，节目通过对历史形成的小产权房乱象进行政策梳理，使问题更加清晰具体，起到了稳定人心的作用。对小产权房问题的分析和主张，既不与政策相悖，又惠及于民，还为决策部门提供参考，在及时和主动、权威与客观中评论，表明了国家电台的立场，强势引导舆论。

（作者单位：中央人民广播电台经济之声）

# 后 记

在大家的关心与支持下，经过一年多的组稿、审定和编辑，我们的《播音主持艺术》第 14 辑如期与大家见面了！

本辑共汇集有关广播电视播音主持方面的论文和文章近 40 篇，作者有来自中国传媒大学播音主持艺术学院的教师和其他高等院校的教师，也有来自广播电视一线的播音员主持人，还有我校的在读研究生等。

为体现本刊一贯秉持的“继承传统、创新发展”的宗旨，在本辑的“研讨纪实”栏目中，我们特别辑录了王泰兴、金宝城、孙正平、宋建生、宁辛、梁言、沙桐、蔡猛、姜小京等我国老、中、青三代体育节目播音员主持人的文章。希望通过这组文章的刊载，能让读者更多地了解我国几代体育节目播音员主持人为广播电视事业发展付出的努力和创造的成就，从中获得有益的启示和借鉴。

在新媒体方兴未艾、传媒产业迅猛发展的今天，《播音主持艺术》理当更加冷静、理性地思考与探索播音主持艺术专业的现在与未来。我们真诚地希望从事播音主持教学研究的教师以及实践一线的播音员主持人，能够倾心关注本专业的理论动态，积极为本书撰稿，为提升丛书的专业理论水准献计出力。

今后，《播音主持艺术》将更加明确自己的责任和使命，本着服务社会、服务传媒事业、服务业界、服务教学科研的宗旨，一如既往地为播音主持艺术专业教师和一线的播音员主持人提供理论研究和学术探讨的开放平台，为促进我国广播电视事业的健康发展作出应有的贡献。

在《播音主持艺术》第 14 辑出版之际，我们要向为本书付出过智慧和力量的业界同人表示感谢！向为本书的出版提供大力支持的中国传媒大学出版社表示感谢！

最后，我们热诚欢迎大家为下一辑的《播音主持艺术》踊跃投稿！

《播音主持艺术》编委会